EL
LIBRO DE DIBUJO
PARA
NIÑOS

MÁS DE 300.000 COPIAS VENDIDAS

365 Cosas Diarias Para Dibujar, Paso a Paso

Woo! Jr.
kids activities

Fundadora de Woo! Jr. Kids Activities: Wendy Piersall
Dirección de Arte/Instrucciones escritas e ilustradas por: Lilia Garvin
Ilustración de cubierta: Michael Koch | Sleeping Troll Studios www.sleepingtroll.com
Ilustración interior: Avinash Saini

Publicado por DragonFruit, una divisón de Mango Publishing Group, Inc.

Para solicitar autorización, sírvase contactar a la editorial:

Mango Publishing Group
2850 Douglas Road, 4th Floor
Coral Gables, FL 33134 USA
info@mango.bz

Para pedidos especiales, ventas por volumen, cursos y ventas corporativas, escriba a la editorial a sales@mango.bz. Para ventas comerciales y mayoristas, por favor escriba a Ingram Publisher Services a customer.service@ingramcontent.com o llame al +1.800.509.4887.

El libro de dibujo para niños: 365 cosas diarias para dibujar, paso a paso

ISBN: (p) 978-1-64250-836-9
BISAC: JNF006040—JUVENILE NONFICTION / Art / History

¡Cómo usar este libro!

¡Todo lo que necesitas es un lápiz,
borrador y un pedazo de papel!

Sigue el diagrama de cada dibujo paso a paso:

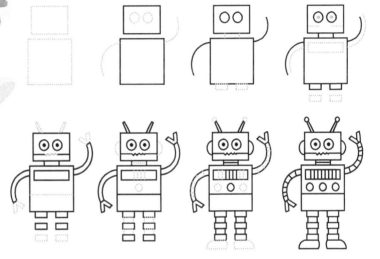

consejos:

Primero dibuja ligeramente, porque podrías necesitar borrar algunas líneas mientras trabajas.

Agrega detalles de acuerdo a los diagramas, ¡pero no te preocupes de hacerlo perfecto! Los artistas a menudo cometen errores, pero encuentran formas de hacer que sus errores se vean interesantes.

No te preocupes si tus dibujos no salen como querías. ¡Sólo sigue practicando! Algunas veces ayuda dibujar la misma cosa unas cuantas veces.

Cuando hayas terminado tu dibujo a lápiz, puedes repasarlo con un marcador negro de punta fina y colorearlo o pintarlo a tu gusto.

Puedes dibujar un nuevo artículo o personaje cada día por 365 días, o usar tu creatividad para combinar varios dibujos en una escena completa.

¡Voltea la página para ver algunas ideas geniales de composición!

¡Junta tus Dibujos para crear escenas completas!

– Escena Bajo el agua –

#14
cangrejo

#16
Estrella
De mar

#18
Raya con
Púa

#282
Sirena

#21
Tiburón
martillo

#23
Tiburón Blanco

#24
Ballena ▪▪▪▶

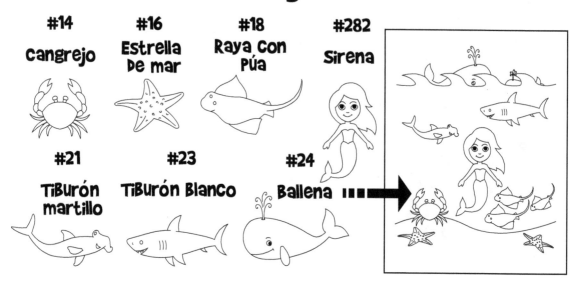

– Escena De Pesca –

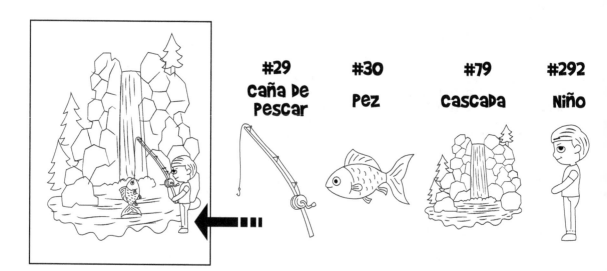

#29
caña De
Pescar

#30
Pez

#79
cascaDa

#292
Niño

¡Junta tus Dibujos para crear escenas completas!

– Escena Del espacio exterior –

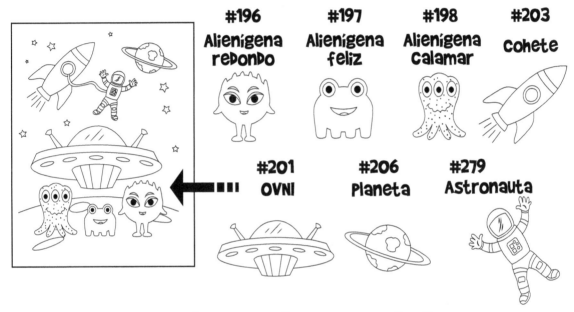

#196
Alienígena redondo

#197
Alienígena feliz

#198
Alienígena calamar

#203
cohete

#201
OVNI

#206
Planeta

#279
Astronauta

– Escena De haDas volaDoras –

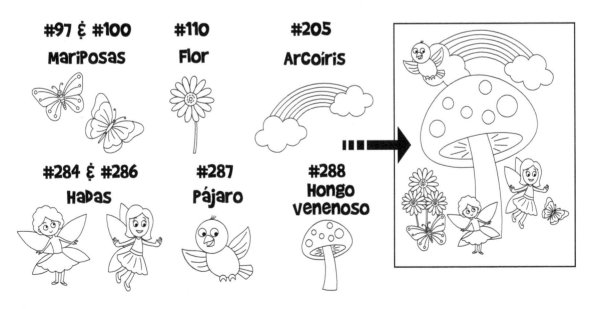

#97 & #100
Mariposas

#110
Flor

#205
Arcoíris

#284 & #286
HaDas

#287
Pájaro

#288
Hongo venenoso

¡Añade perspectiva a tus dibujos usando el punto de fuga y una cuadrícula de perspectiva!

El "punto de fuga" es un punto en el horizonte en el que parece que un conjunto de líneas paralelas converge en un punto único. Por ejemplo, en esta fotografía los rieles del ferrocarril parecen converger en la distancia:

Para usar una cuadrícula de perspectiva, dibuja levemente unas líneas de guía con un lápiz, como se muestra en este ejemplo, usando una regla. Luego usa la cuadrícula como una guía para posicionar tus líneas correctamente para transmitir perspectiva, como se muestra en la demostración de más abajo.

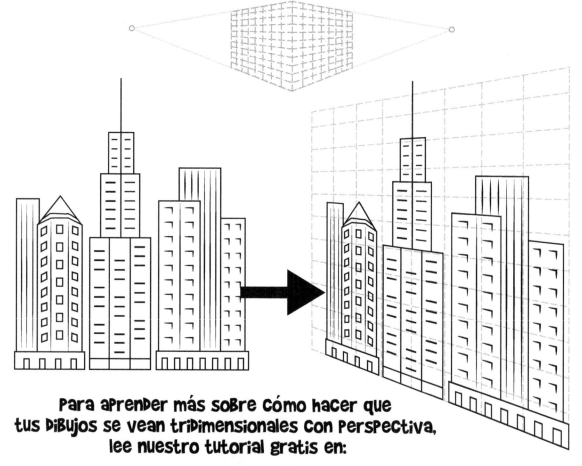

Para aprender más sobre cómo hacer que tus dibujos se vean tridimensionales con perspectiva, lee nuestro tutorial gratis en:

www.woojr.com/perspective

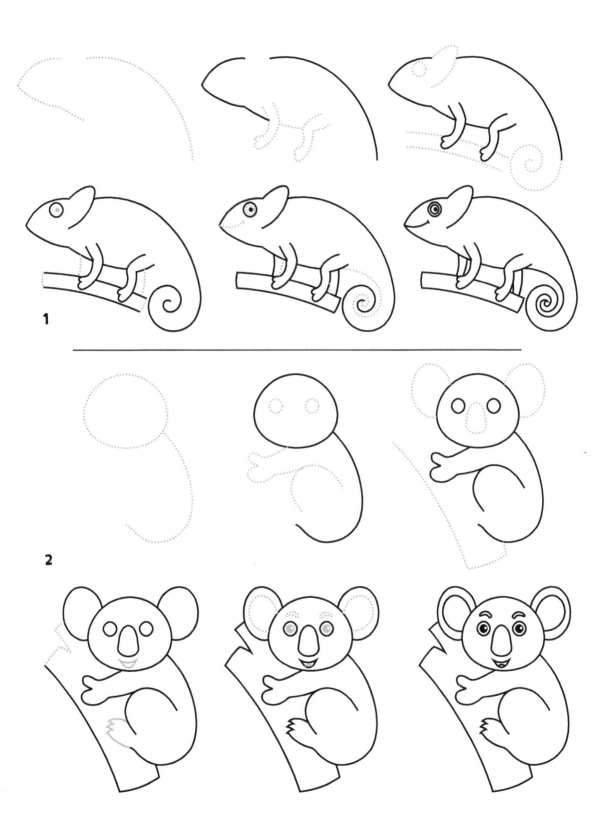

1

2

3

4

5

6

7

8

9

10

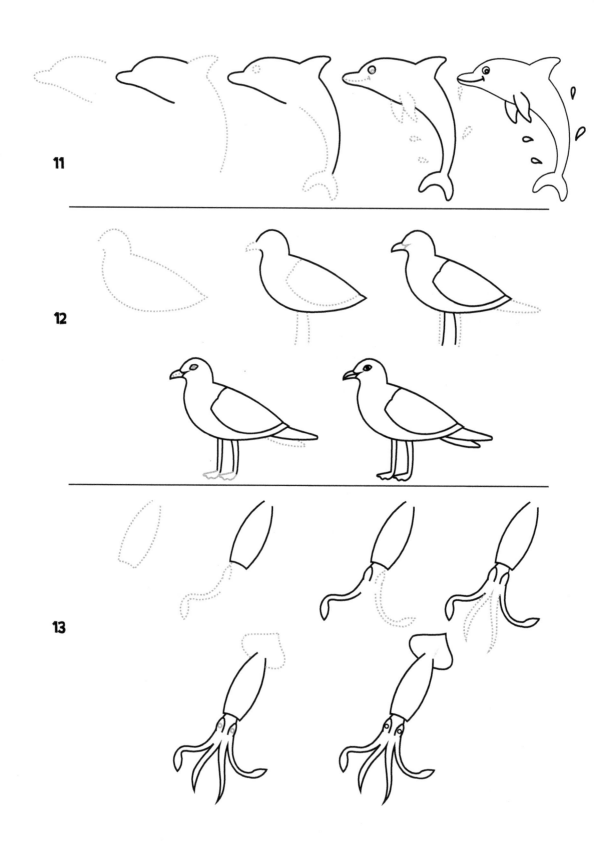

11

12

13

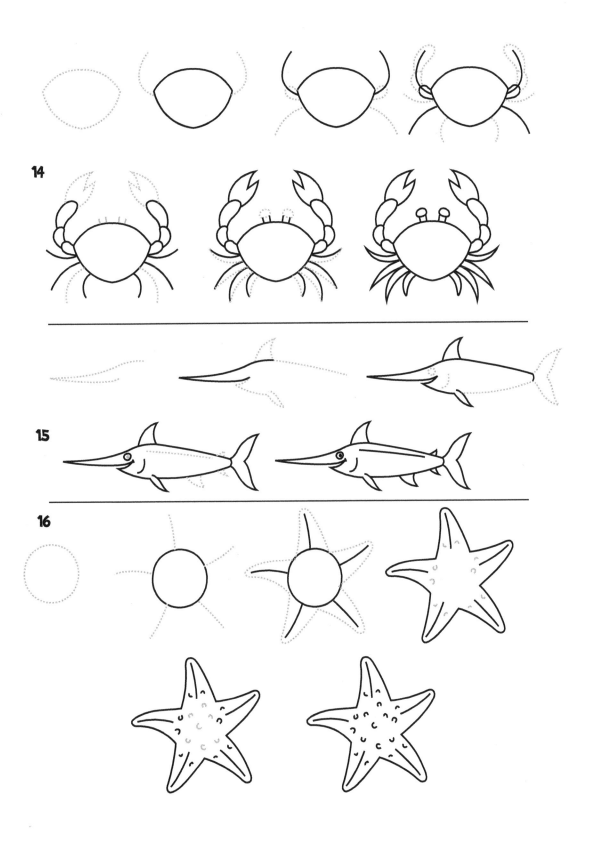

14

15

16

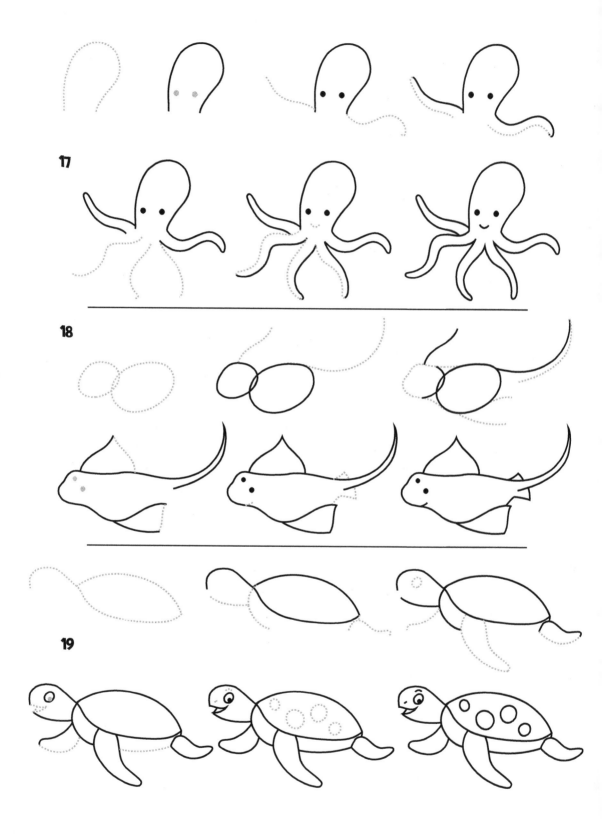

17

18

19

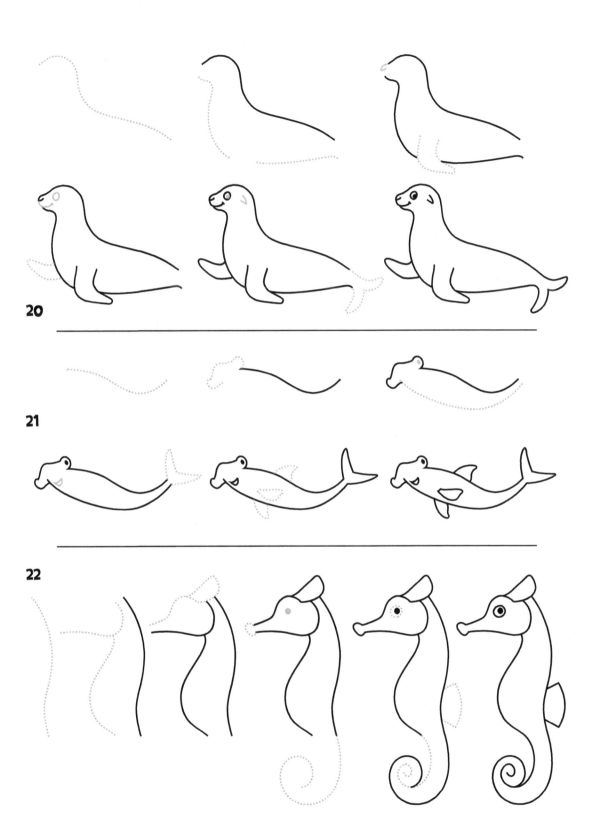

20

21

22

23

24

25

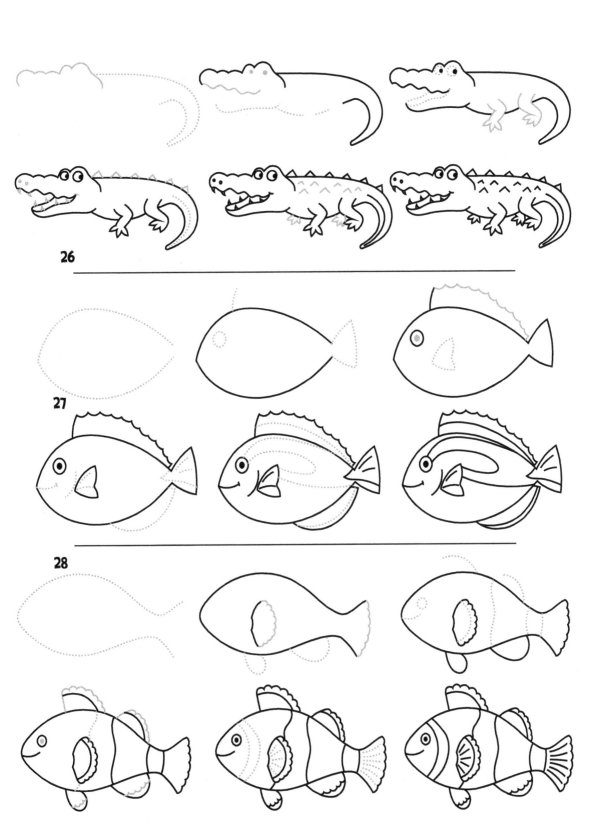

26

27

28

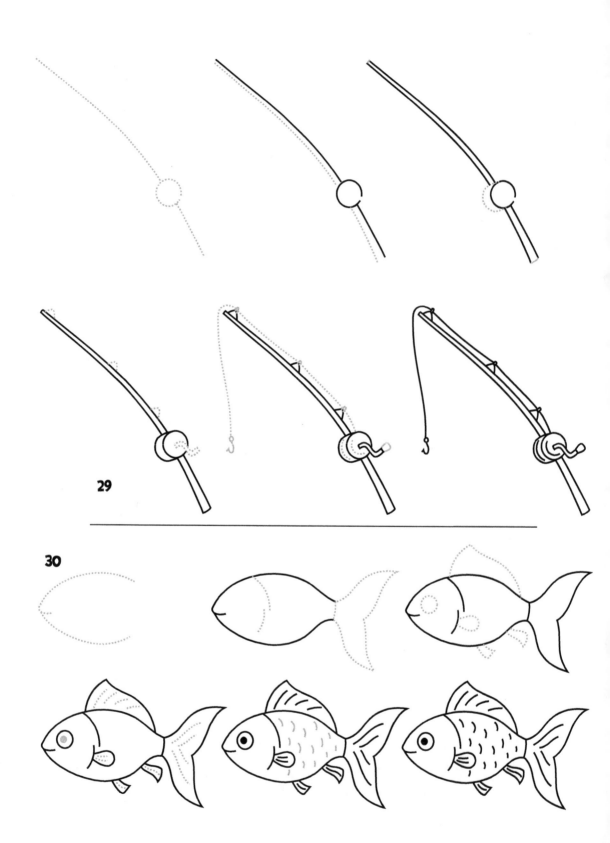

29

30

31

32

33

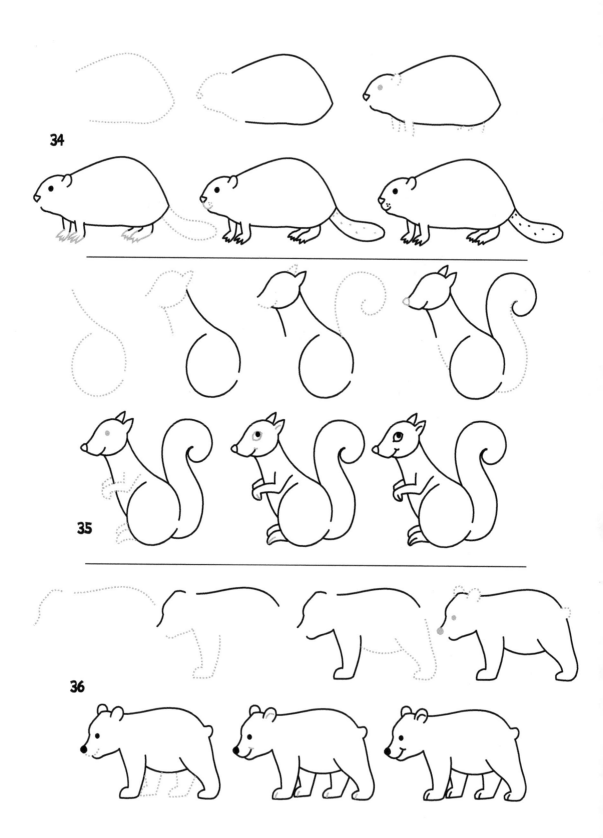

34

35

36

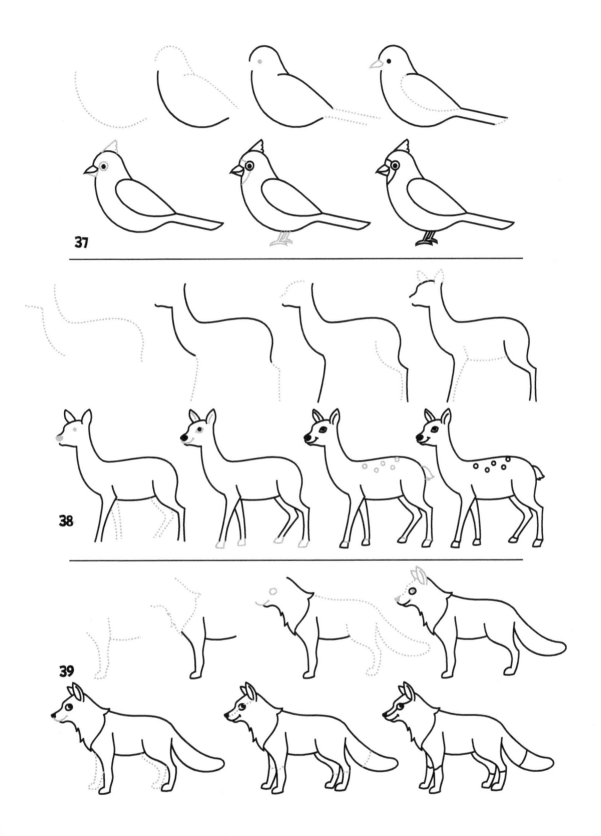

37

38

39

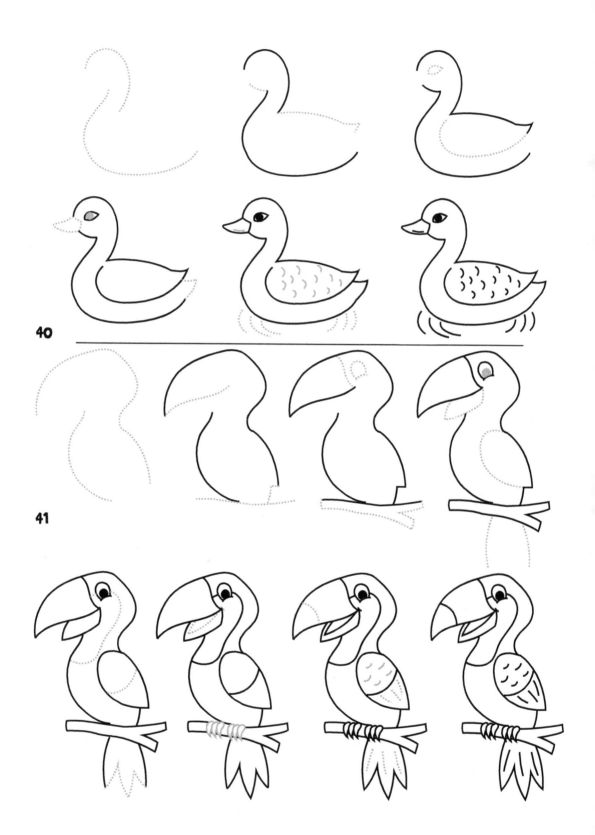

40

41

42

43

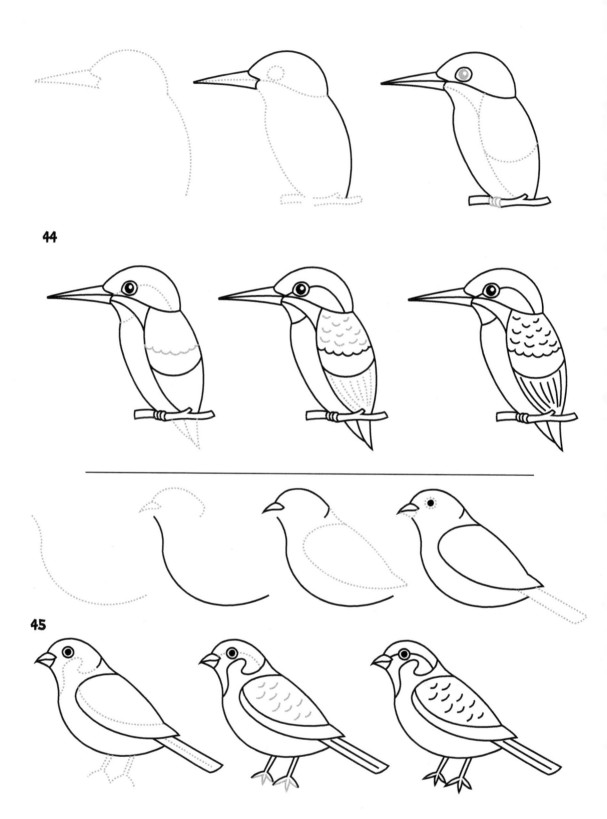

44

45

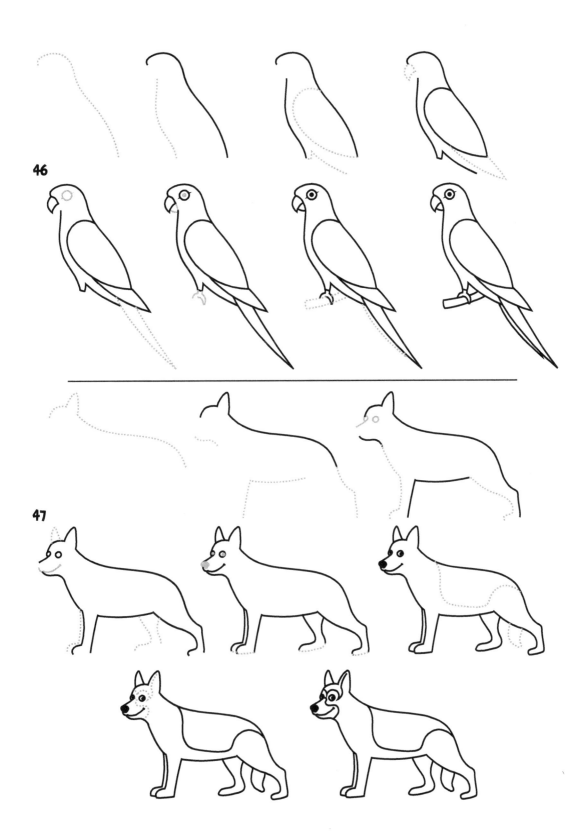

46

47

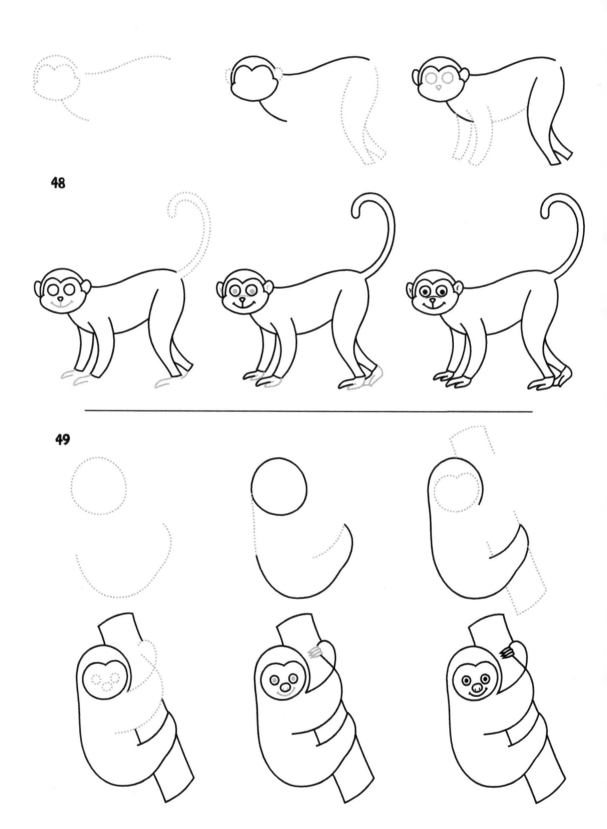

48

49

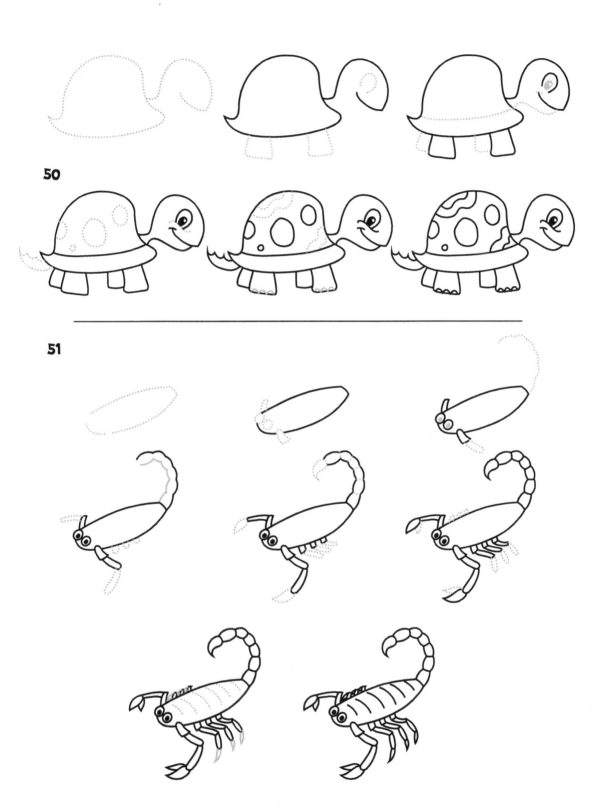

50

51

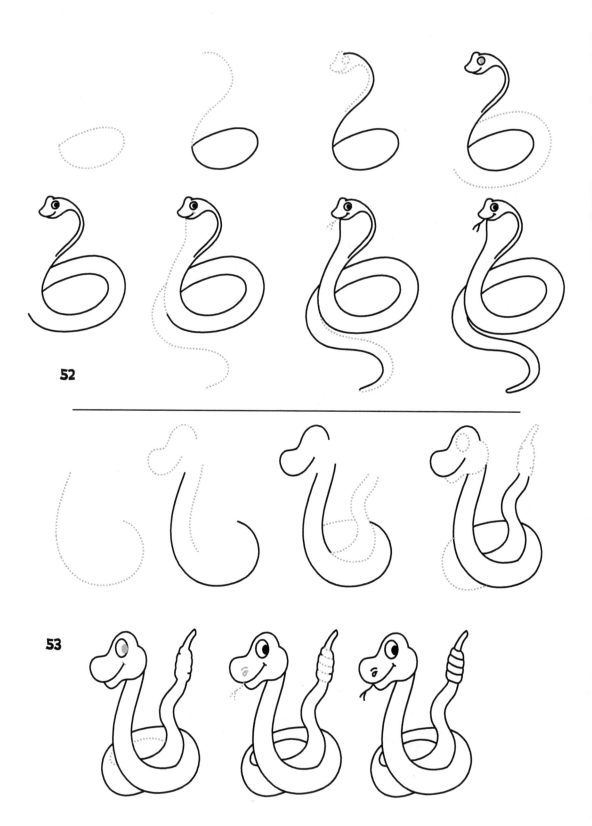

52

53

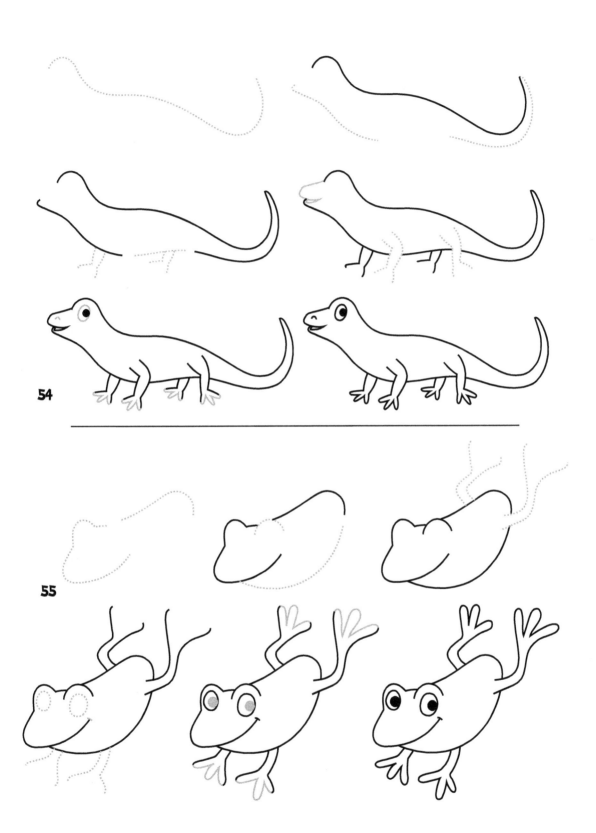

54

55

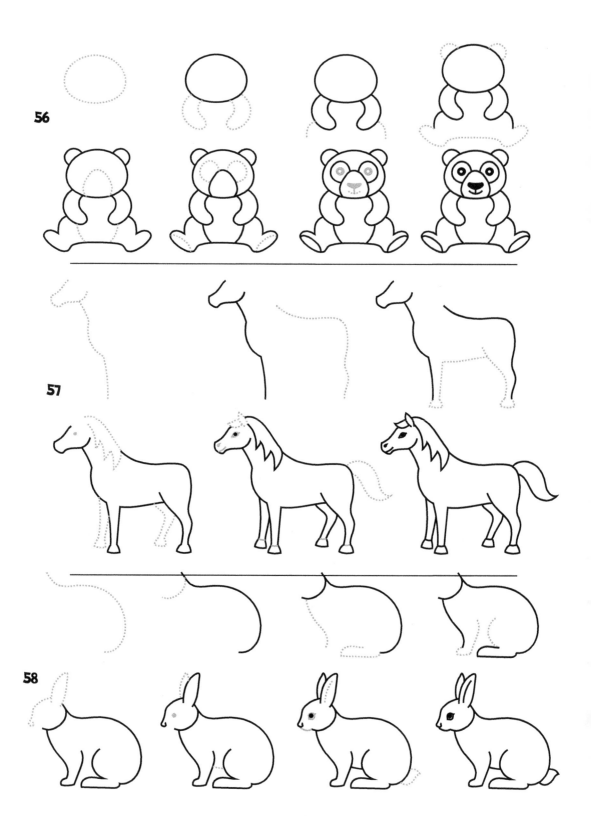

56

57

58

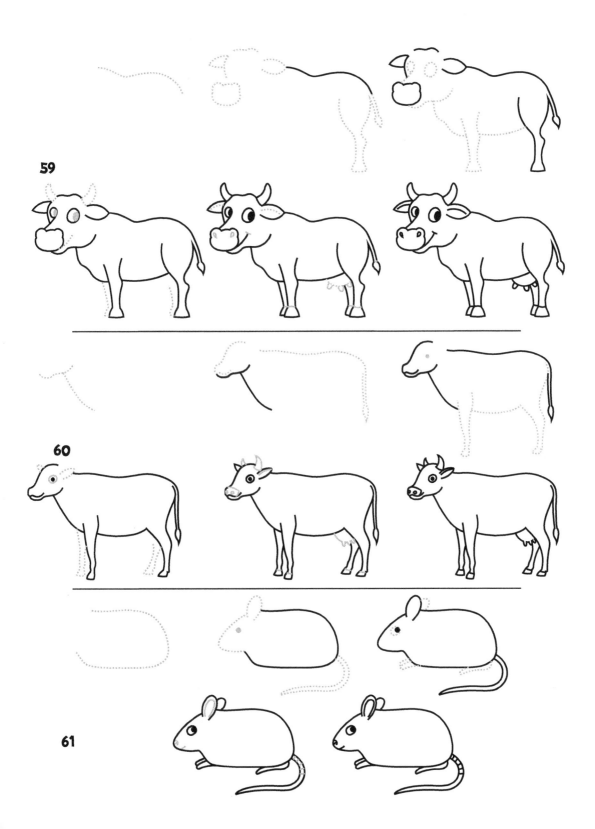

59

60

61

62

63

64

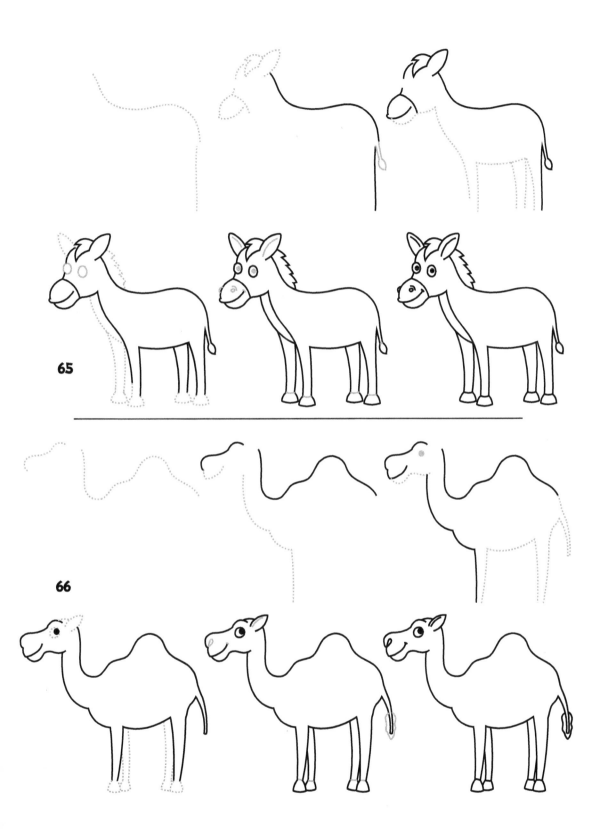

65

66

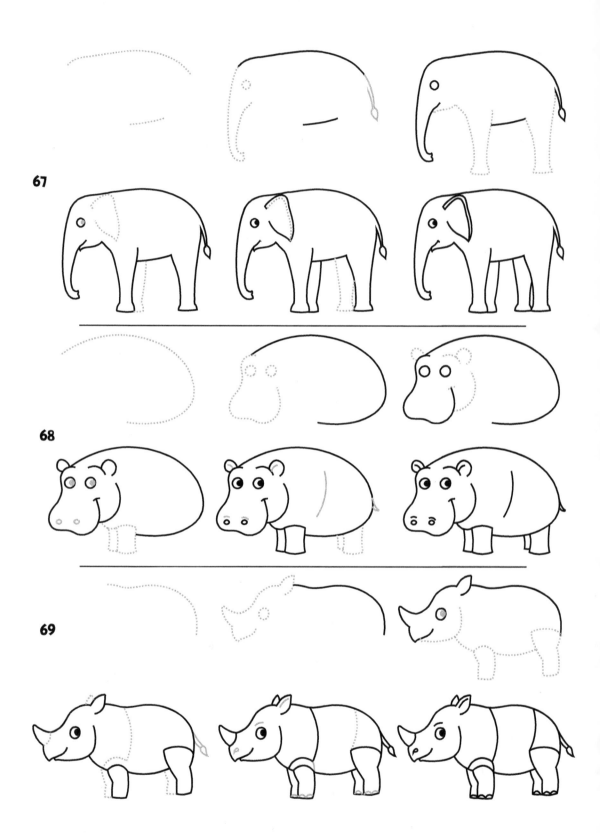

67

68

69

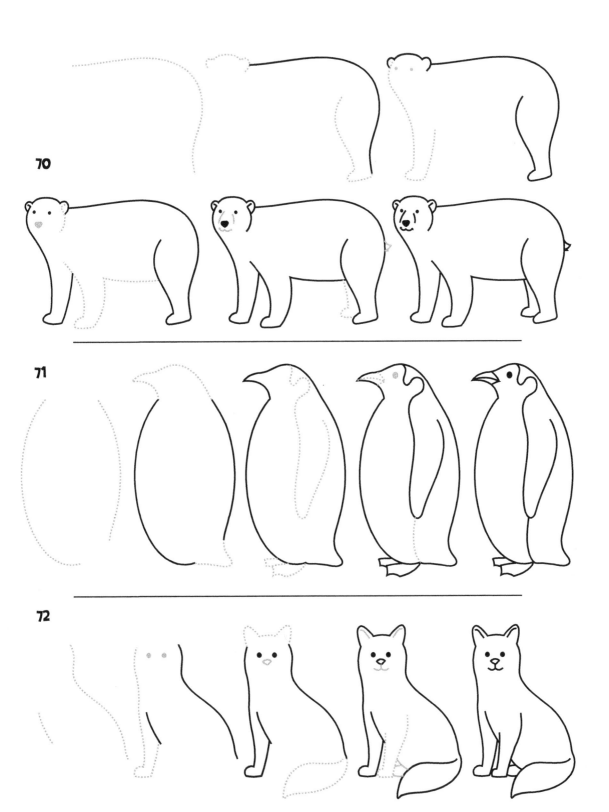

70

71

72

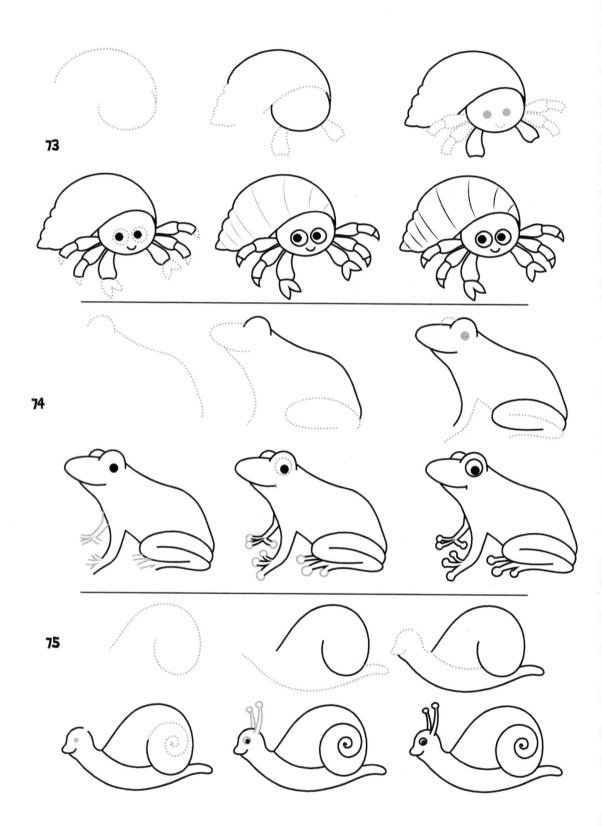

73

74

75

30

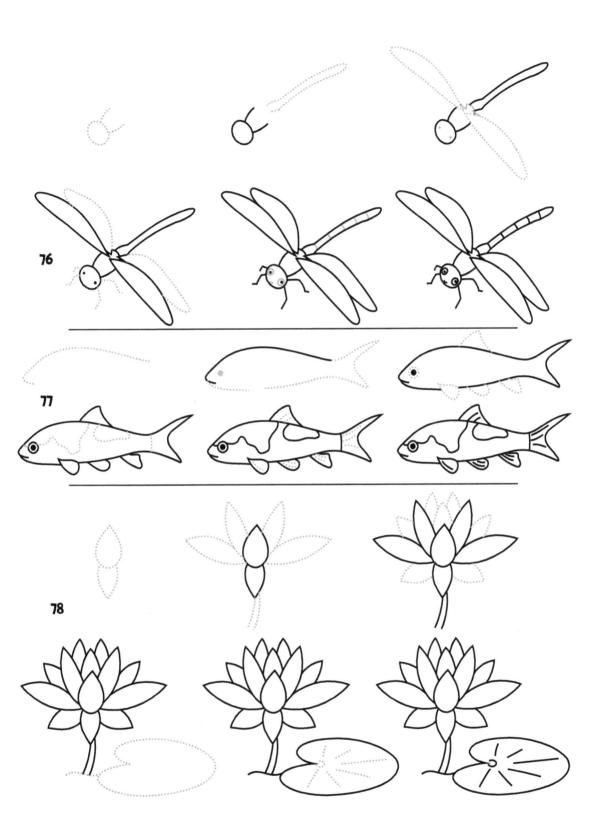

76

77

78

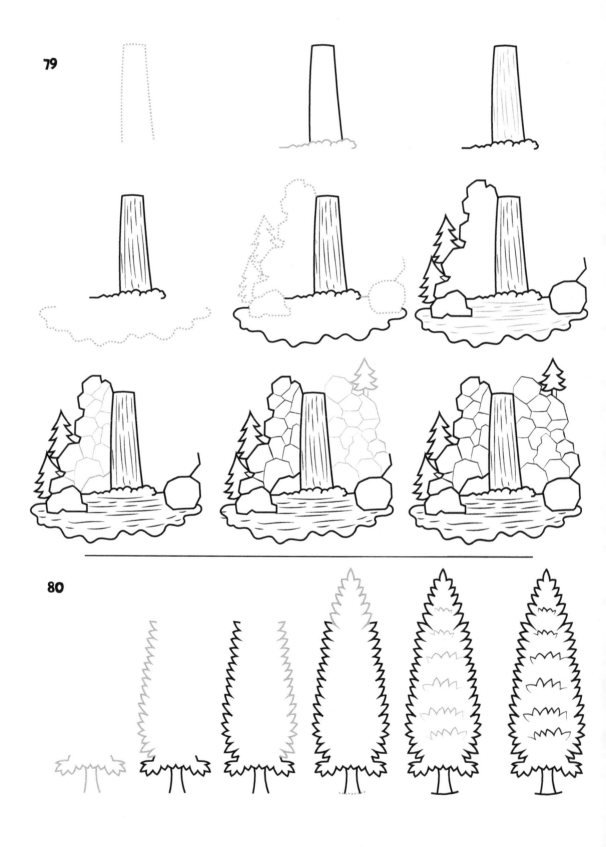

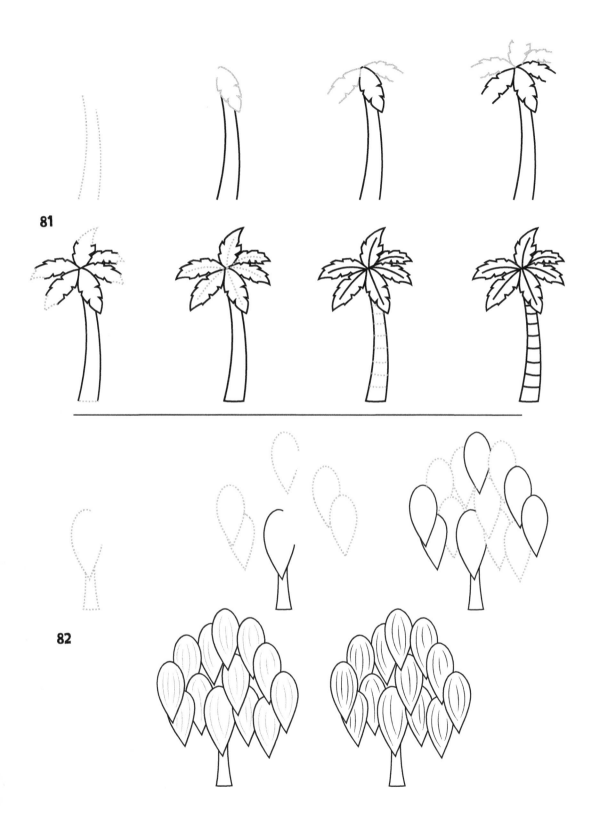

81

82

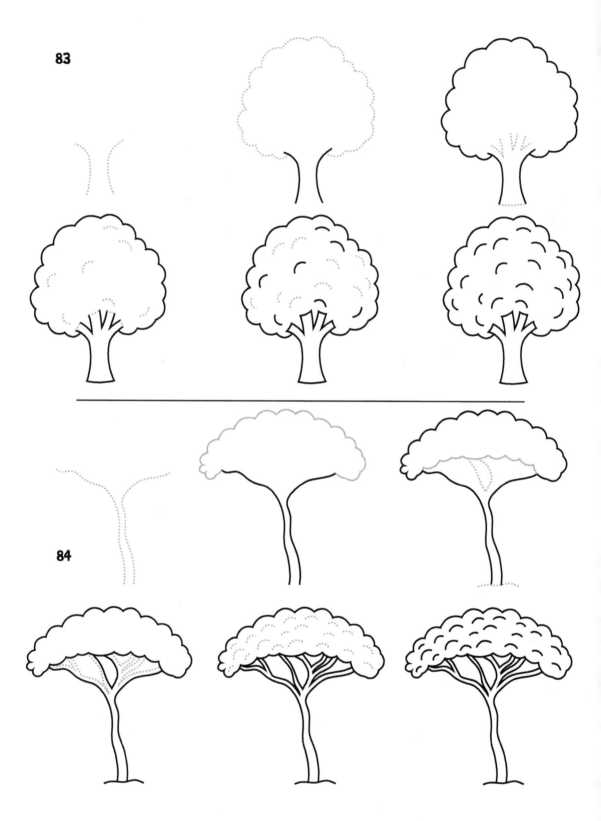

85

86

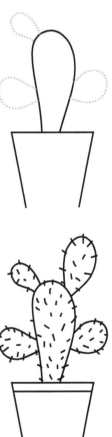

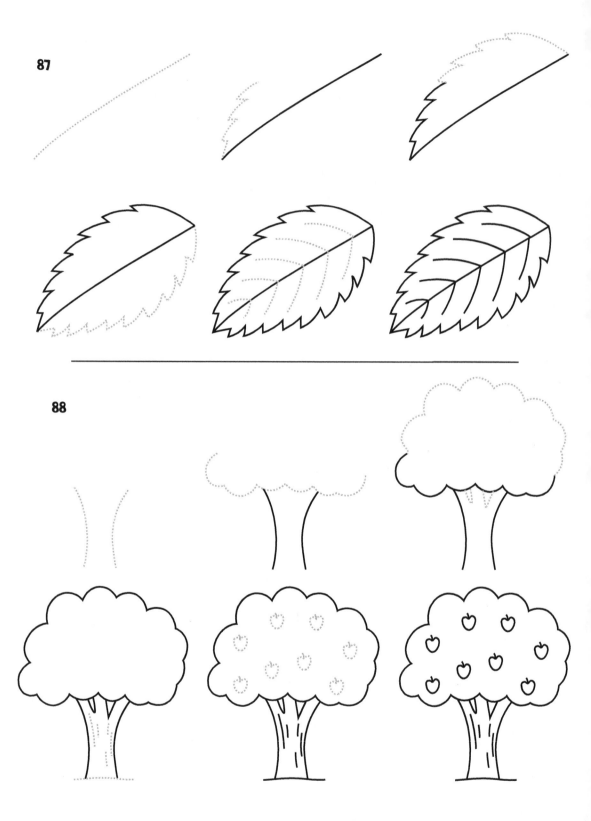

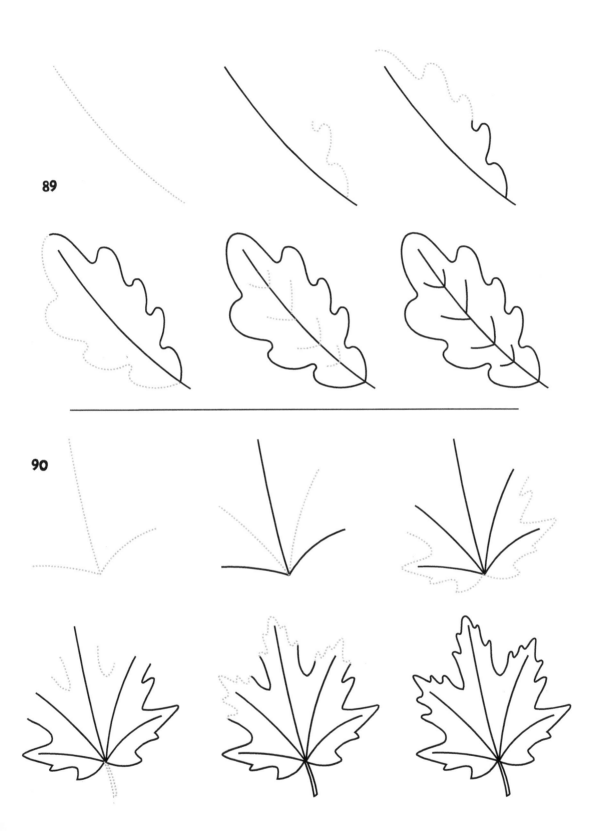

89

90

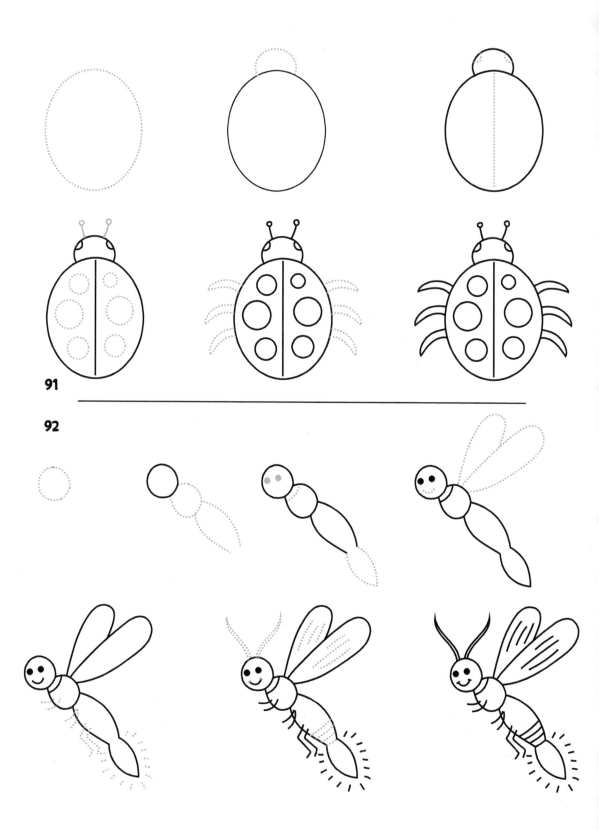

91

92

93

94

95

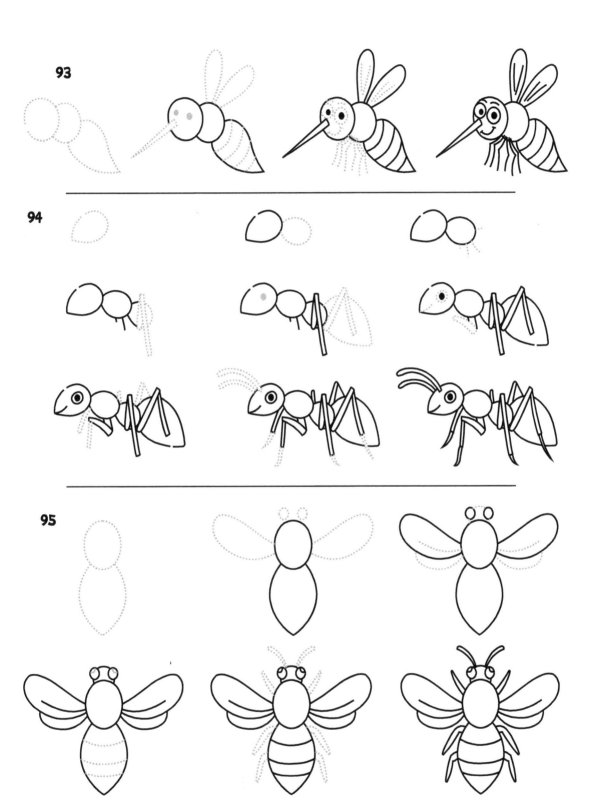

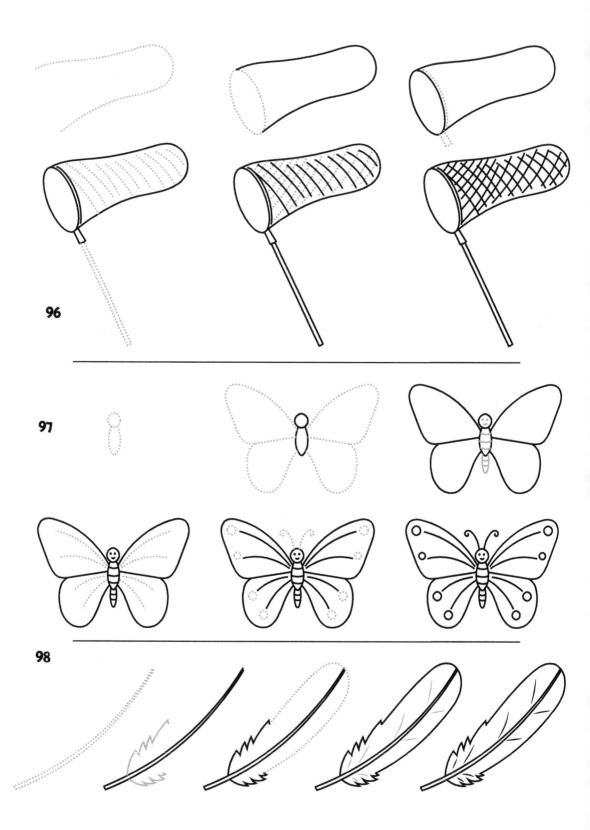

96

97

98

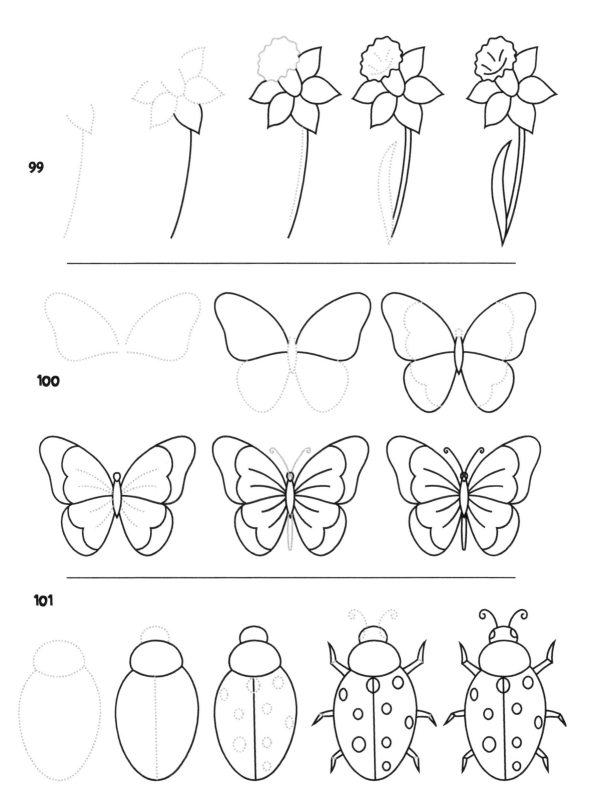

99

100

101

102

103

104

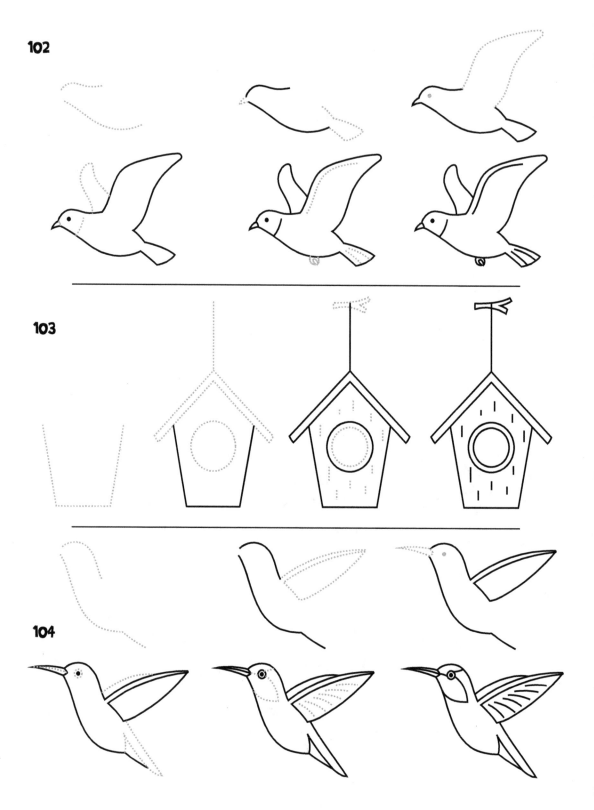

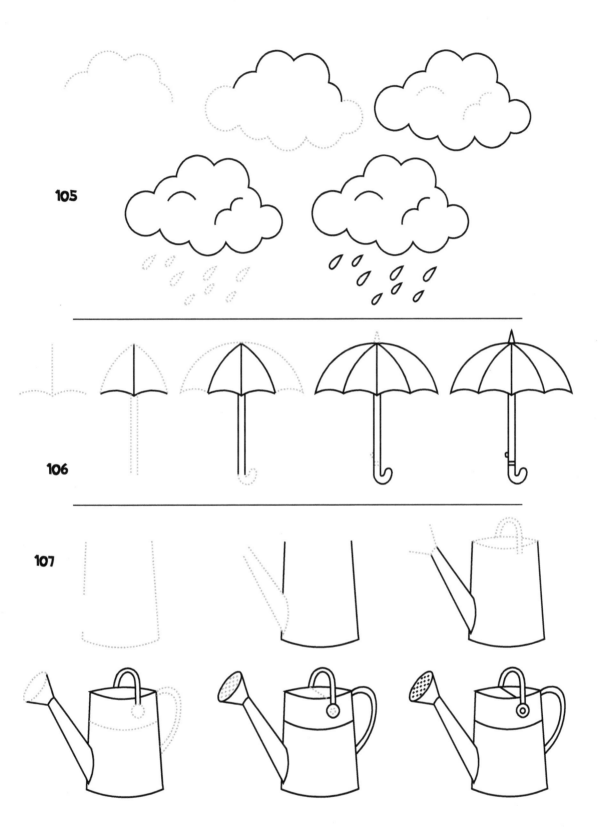

105

106

107

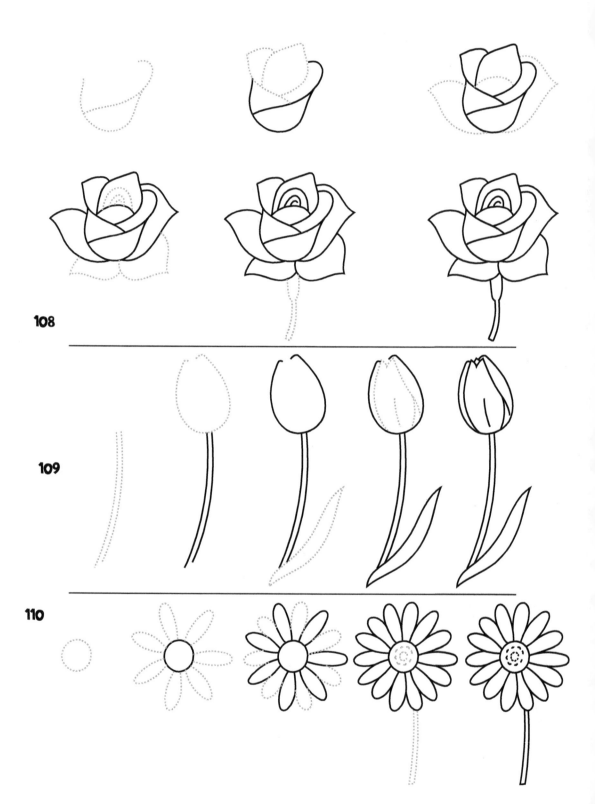

108

109

110

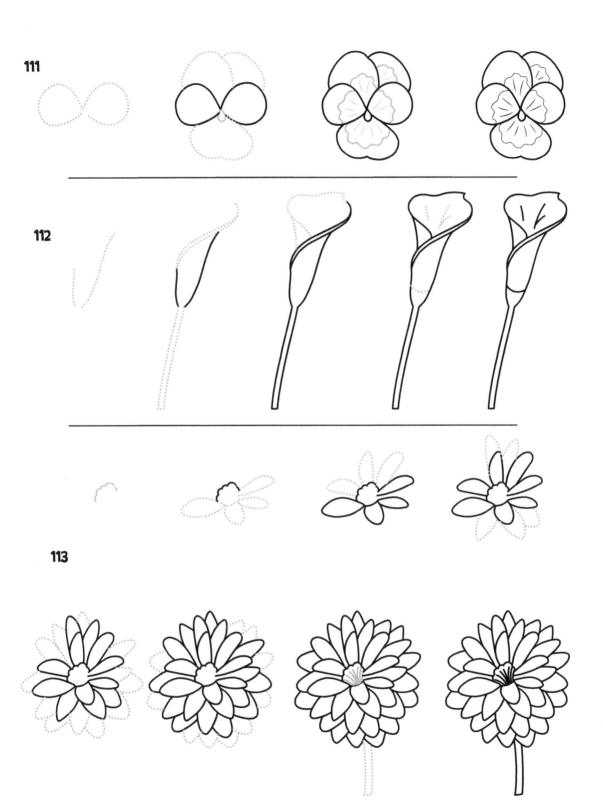

111

112

113

114

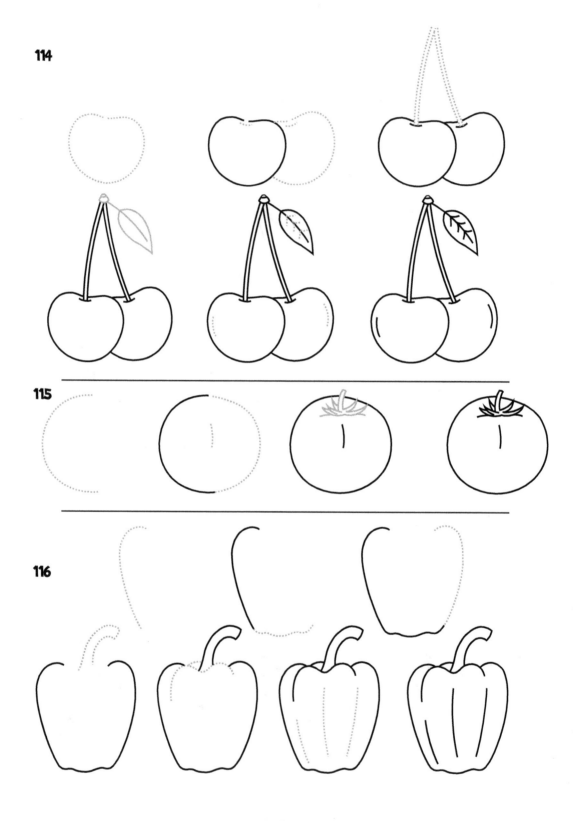

115

116

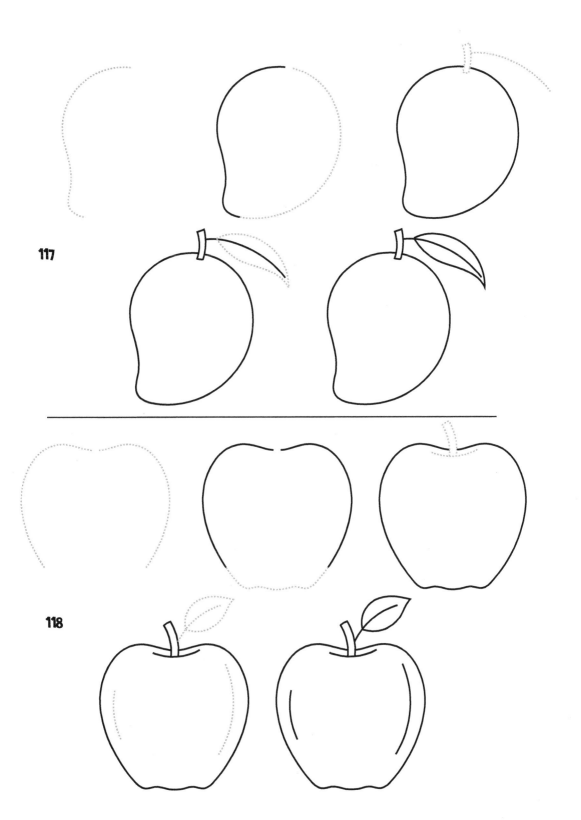

117

118

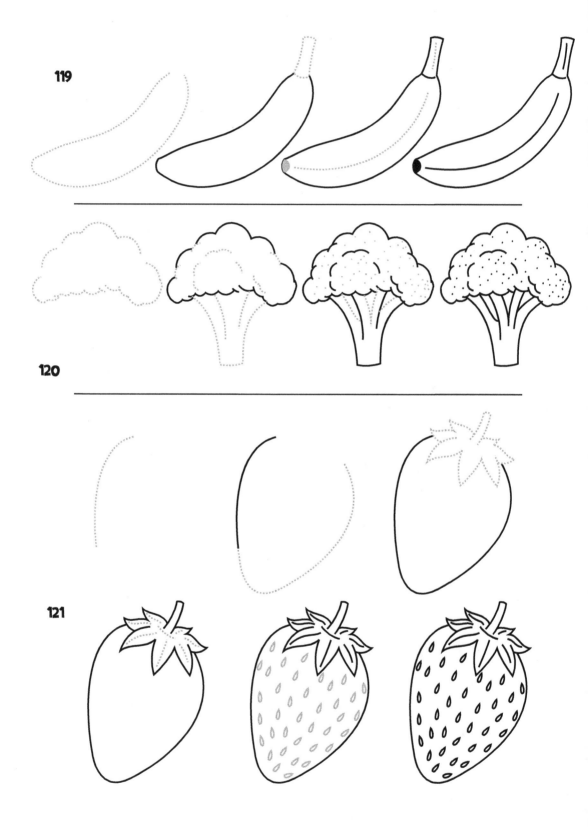

119

120

121

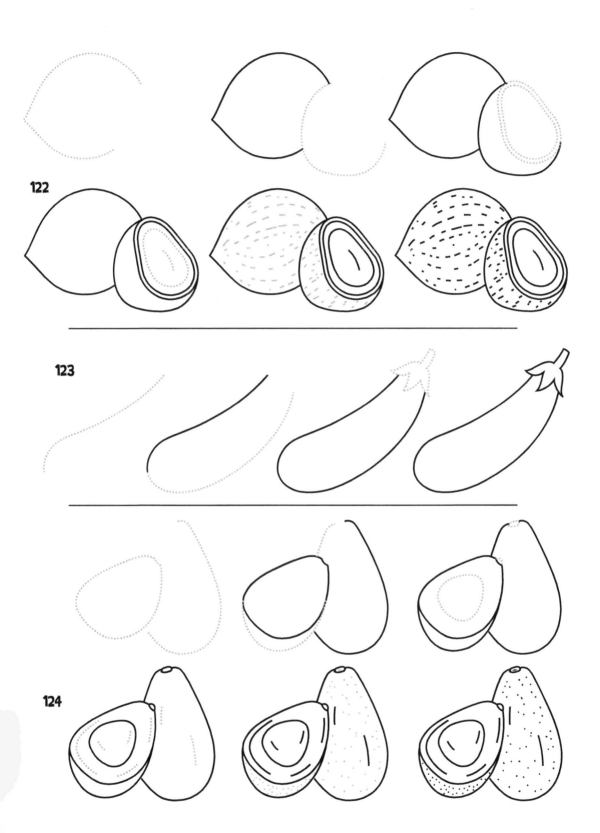

122

123

124

125

126

127

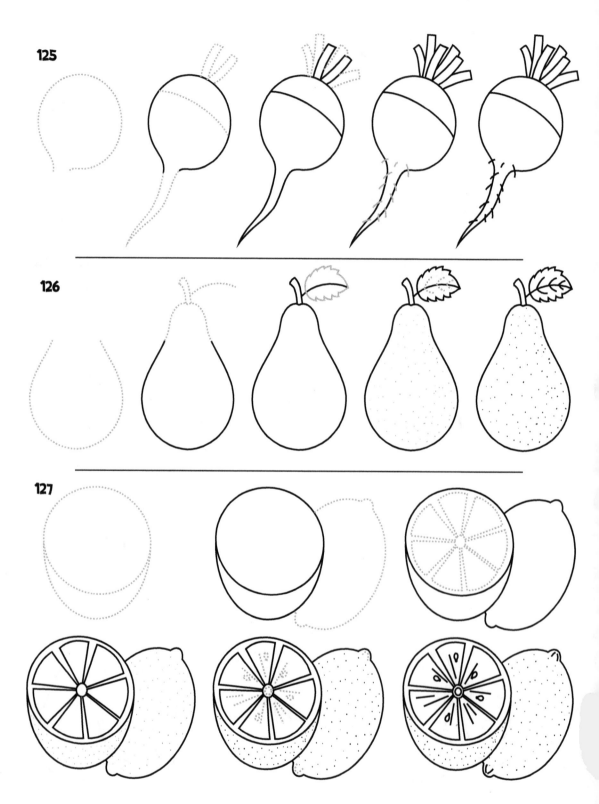

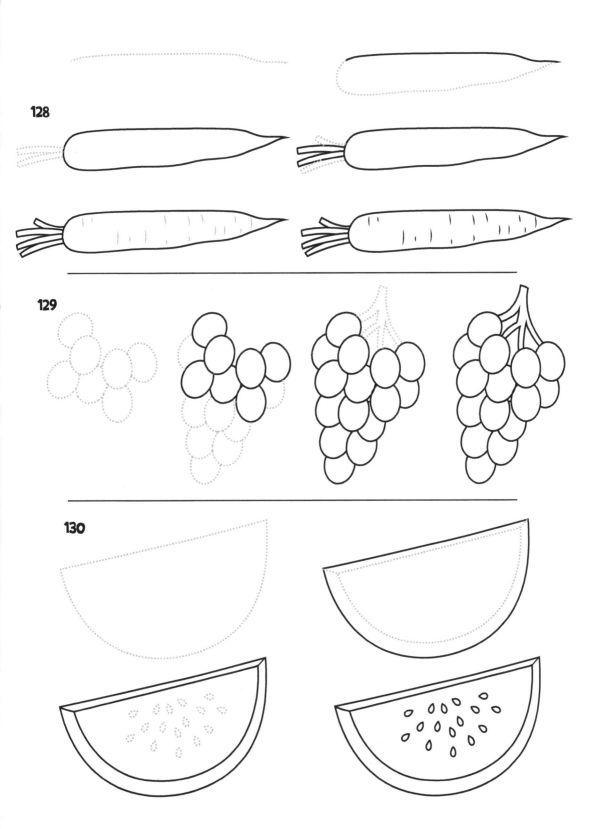

128

129

130

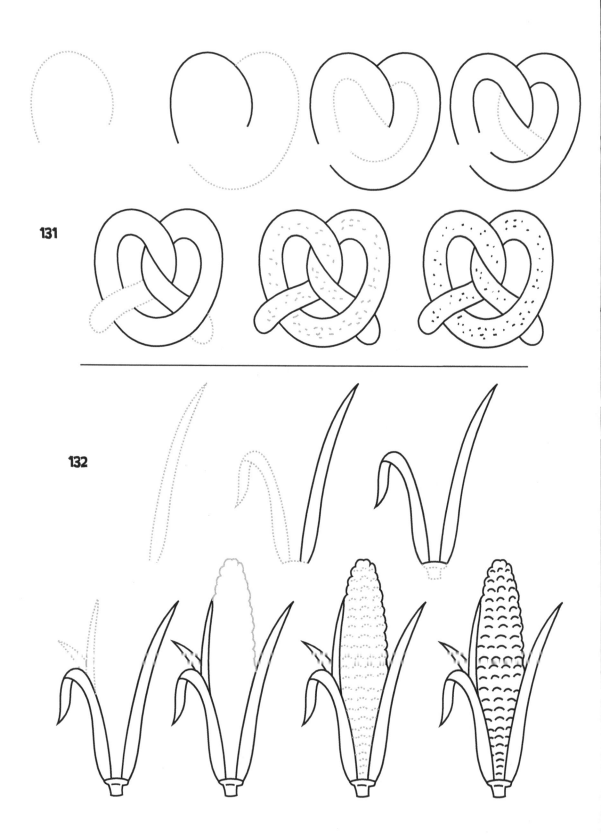

131

132

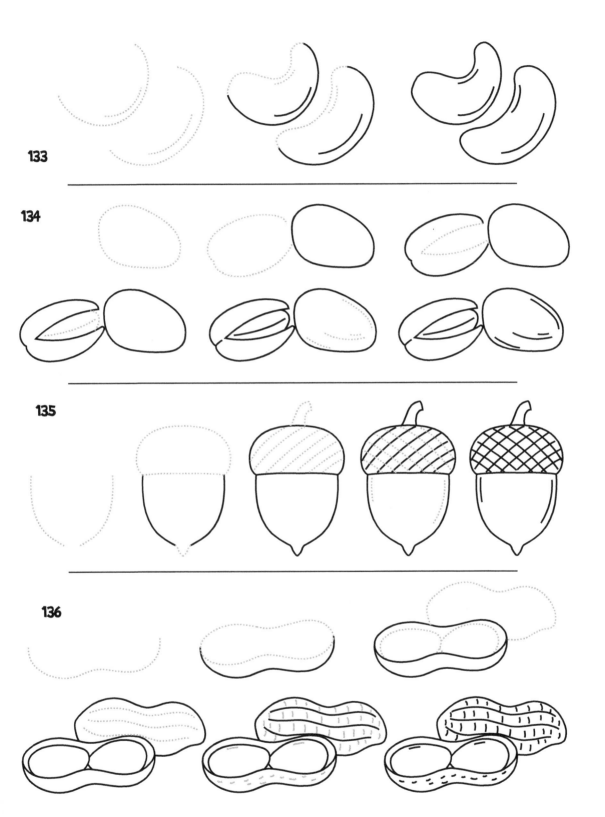

133

134

135

136

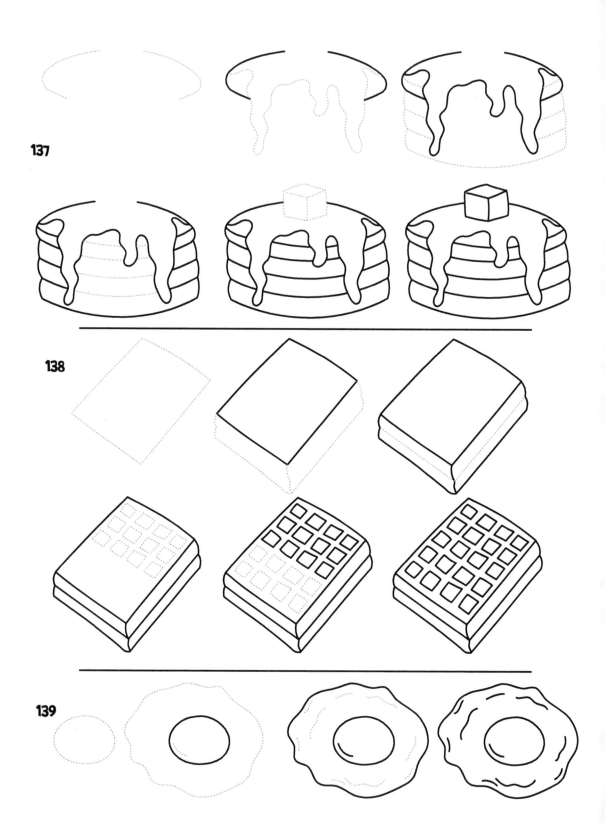

137

138

139

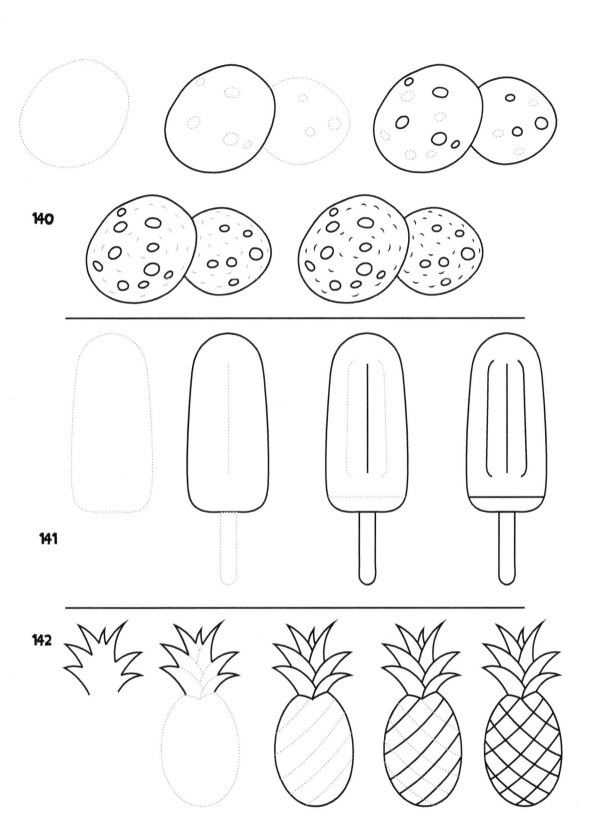

140

141

142

143

144

145

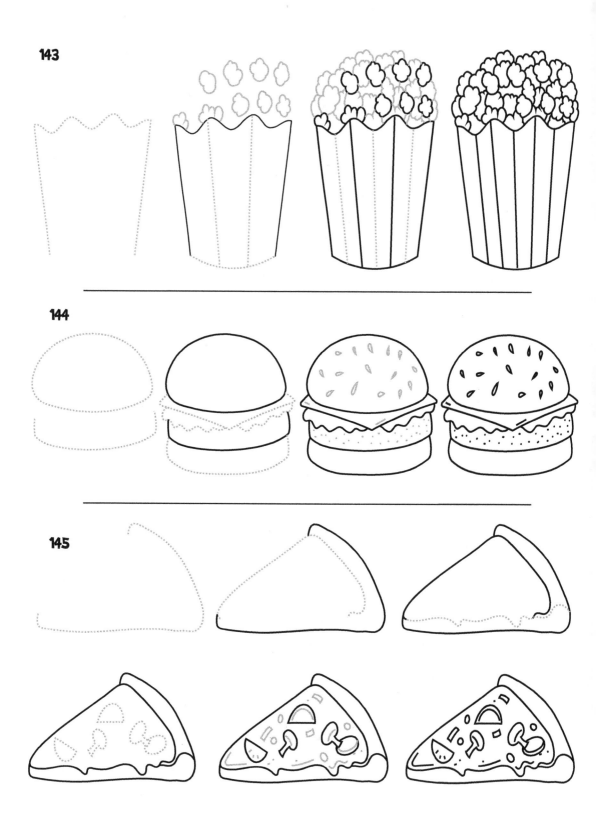

146

147

148

149

150

151

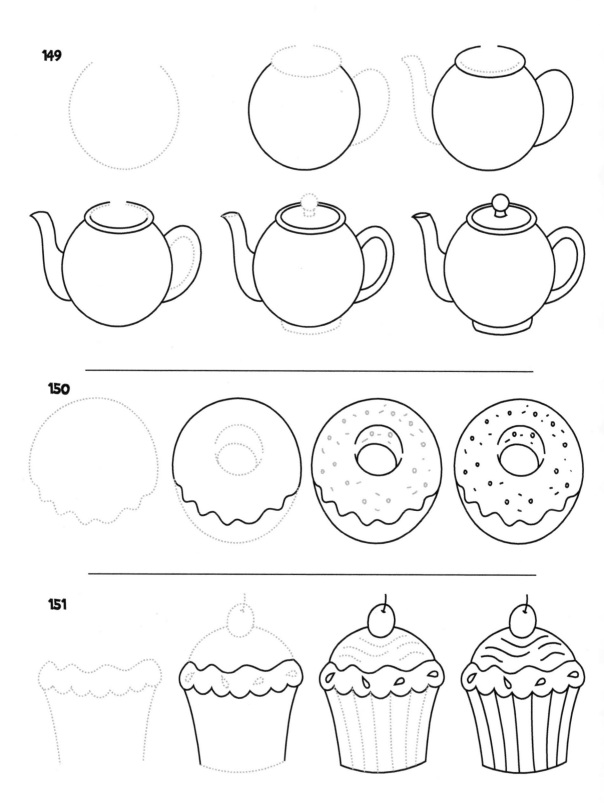

152

153

154

155

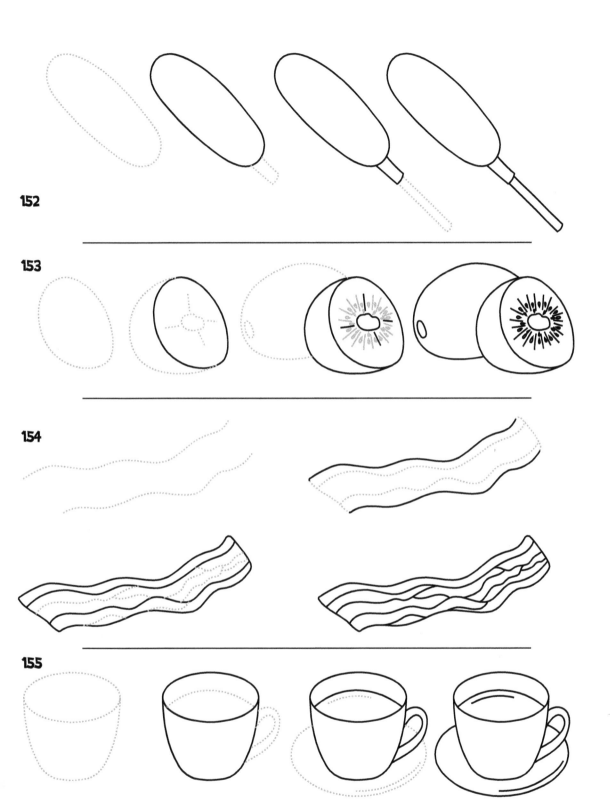

156

157

158

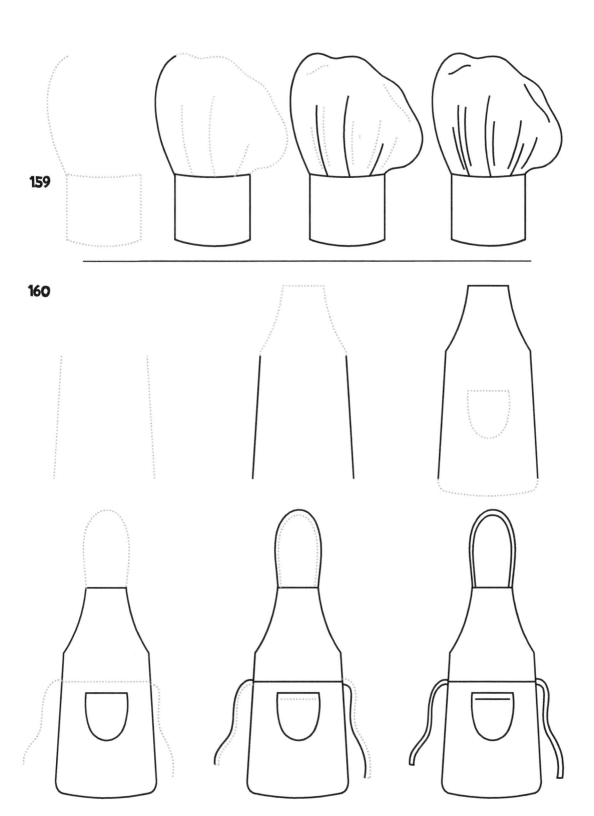

159

160

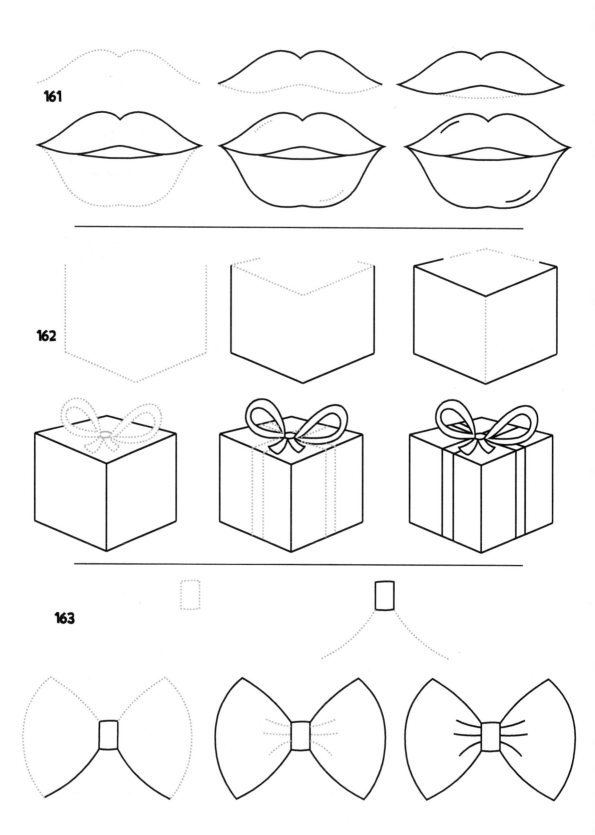

161

162

163

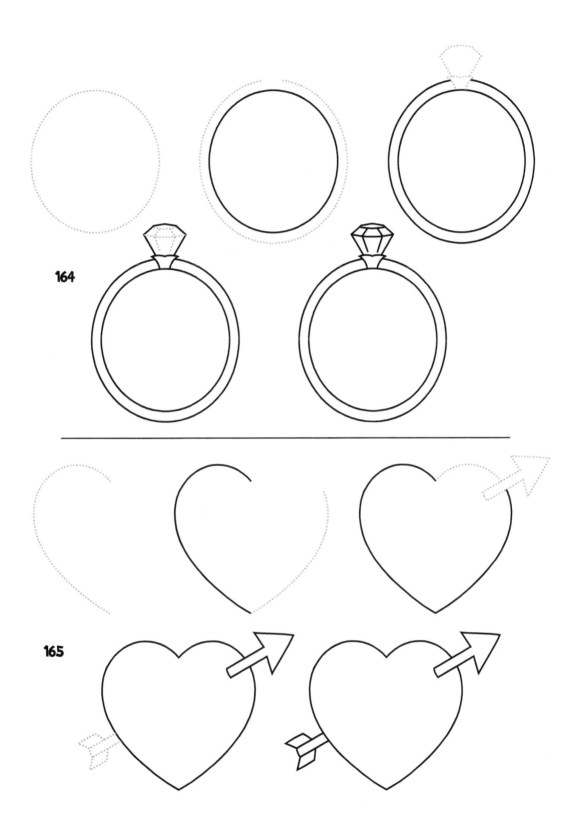

164

165

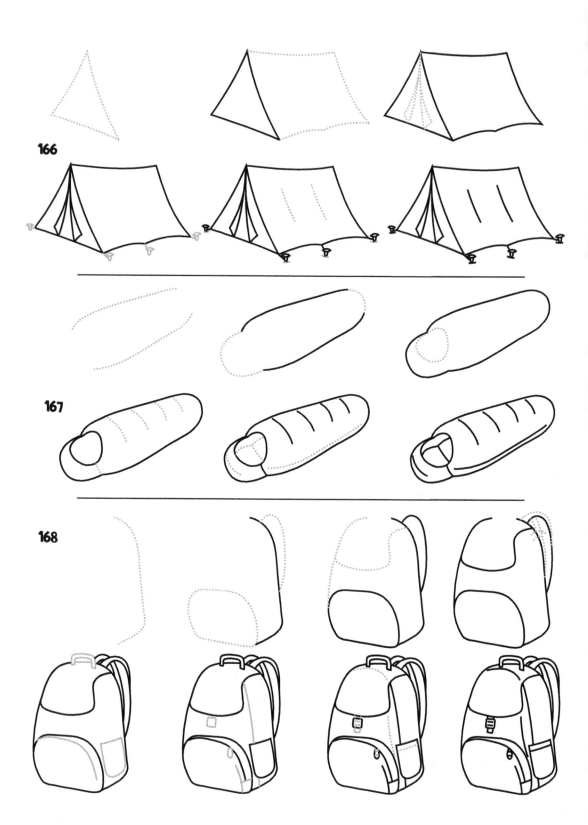

166

167

168

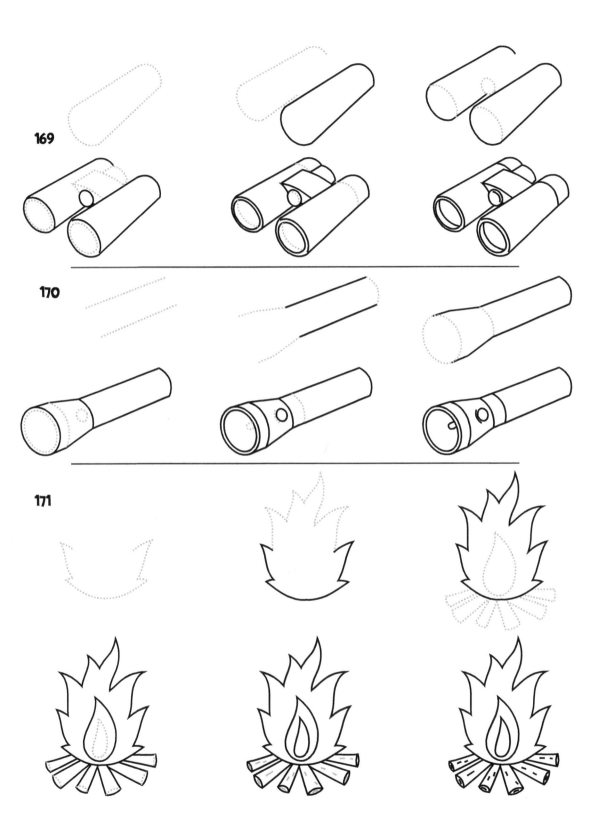

169

170

171

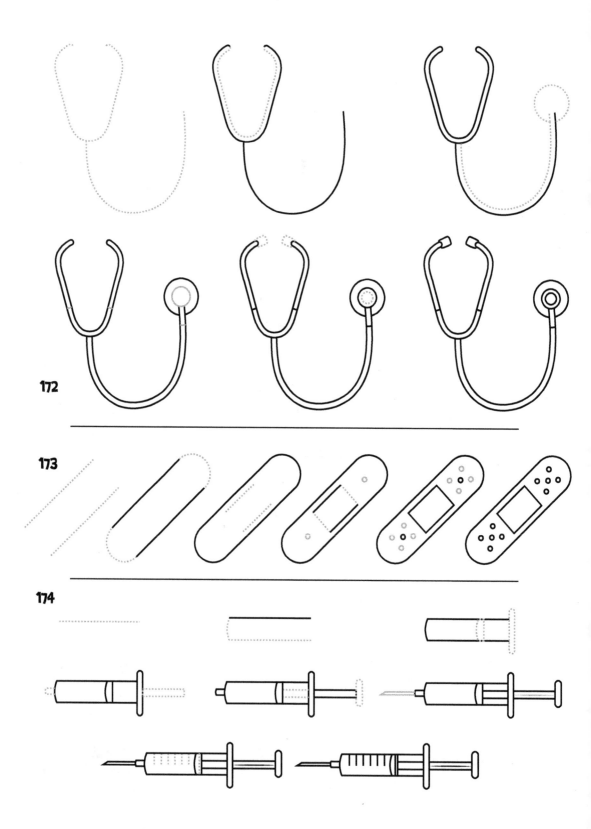

172

173

174

175

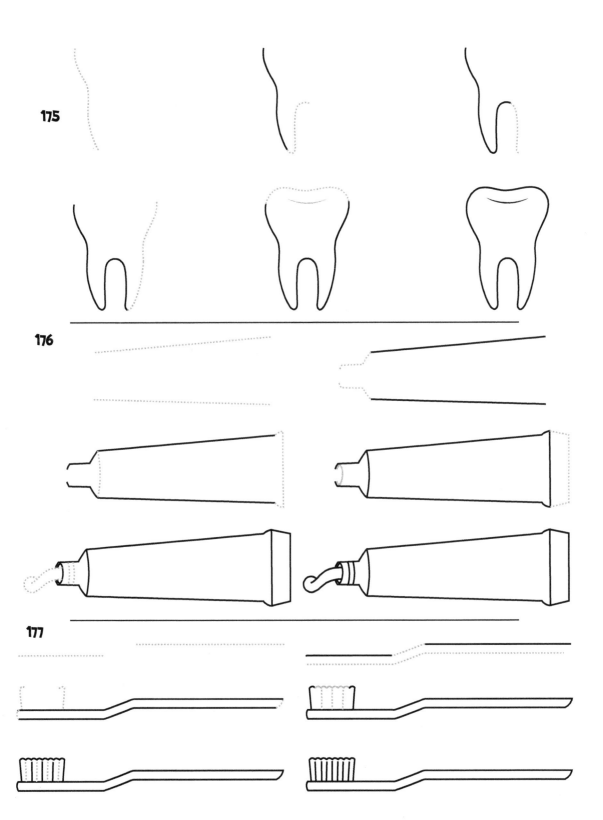

176

177

178

179

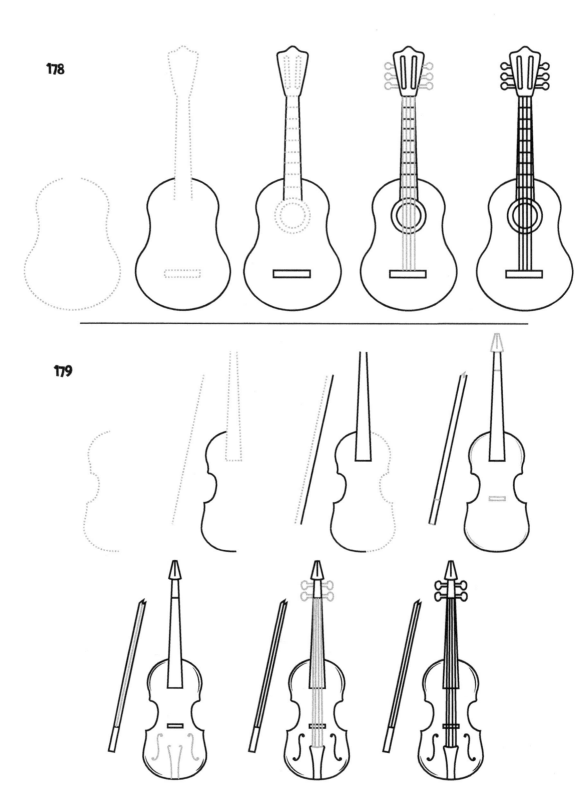

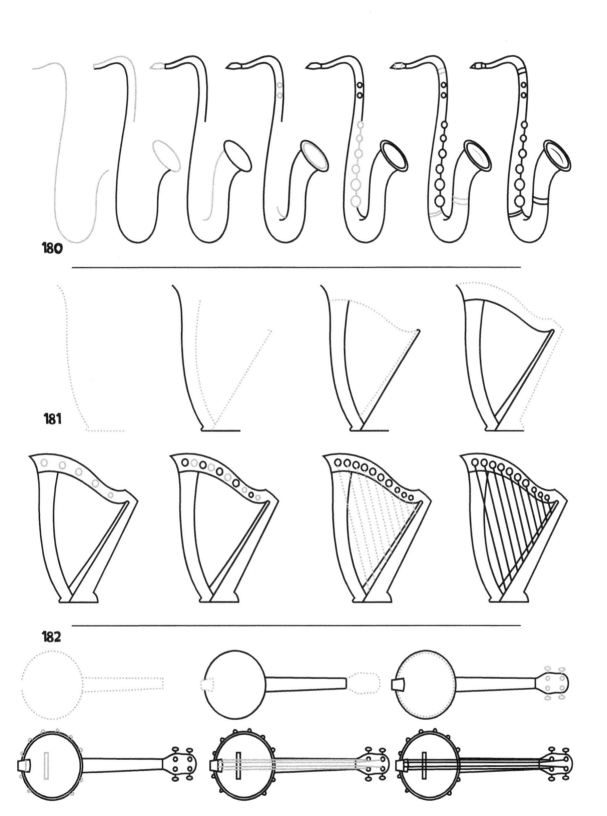

180

181

182

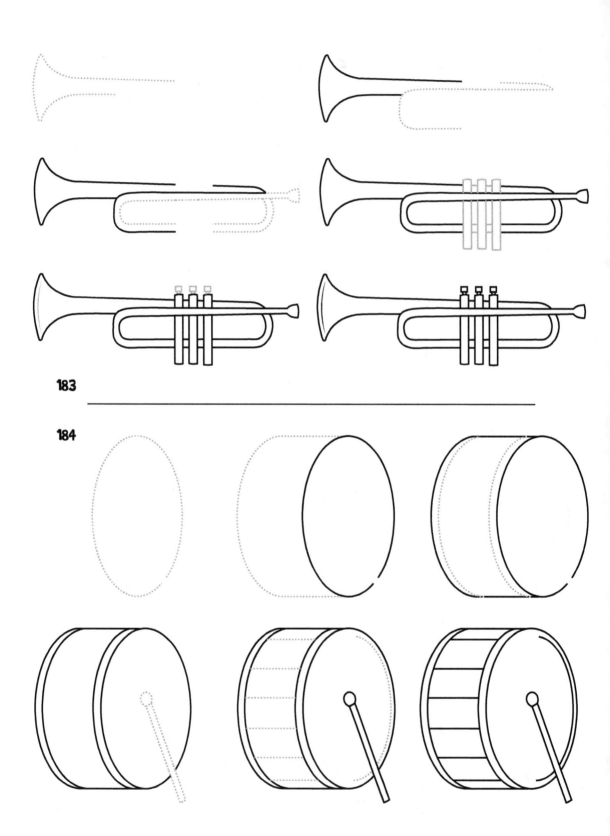

183

184

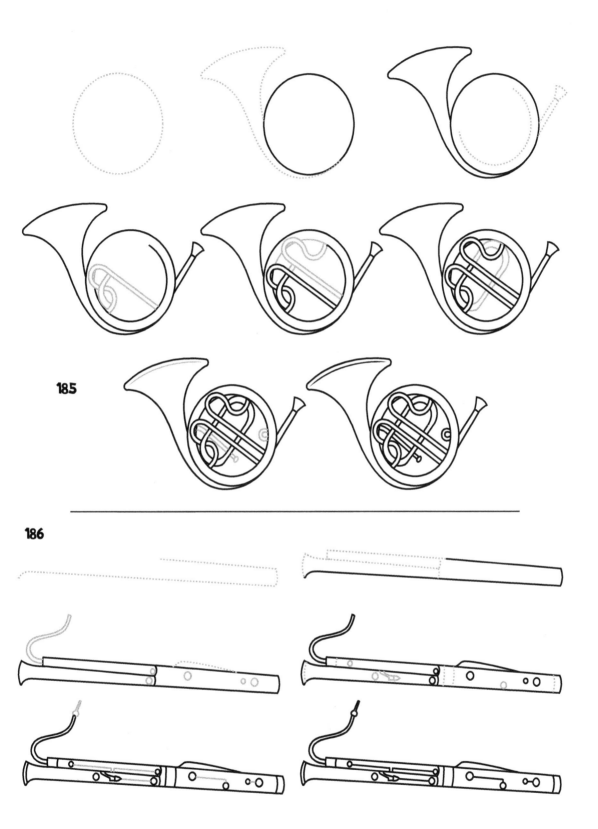

185

186

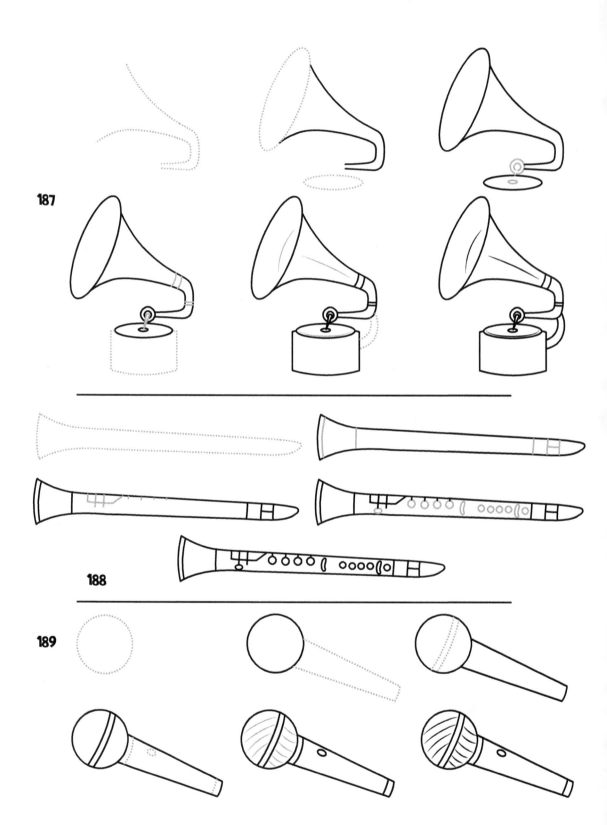

187

188

189

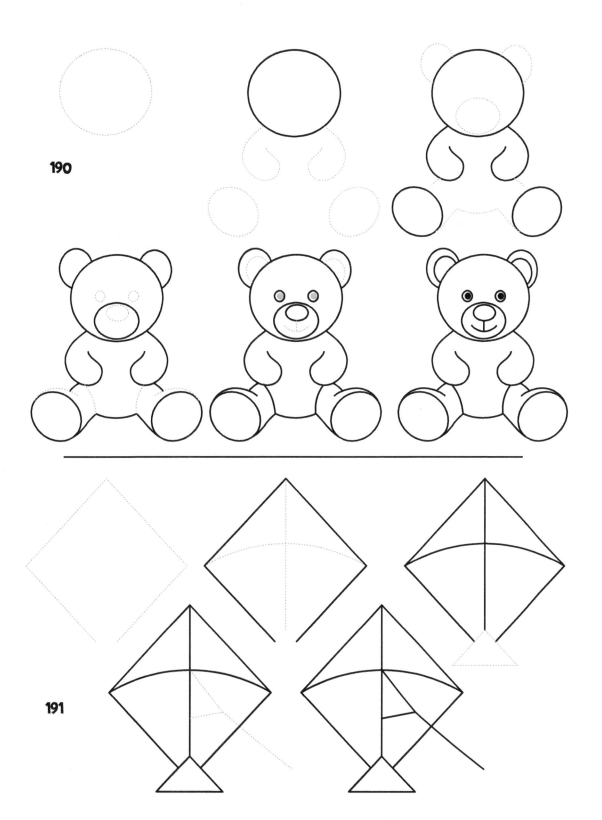

190

191

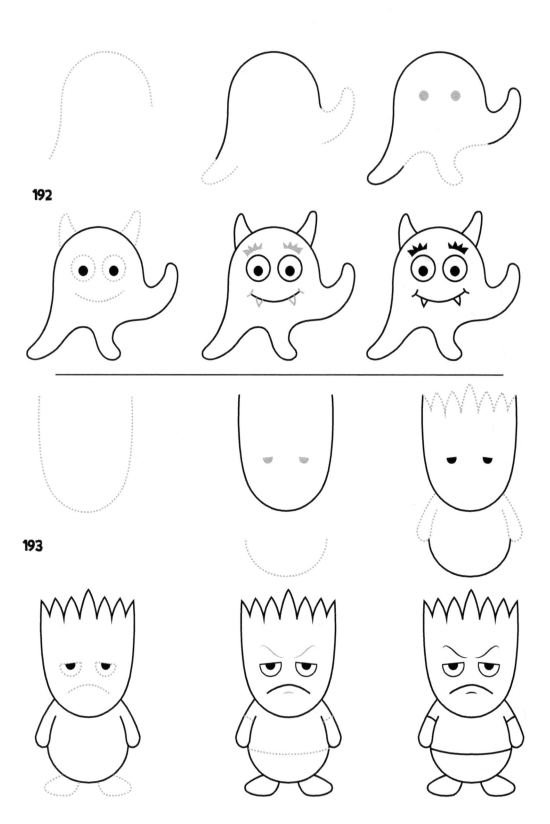

192

193

194

195

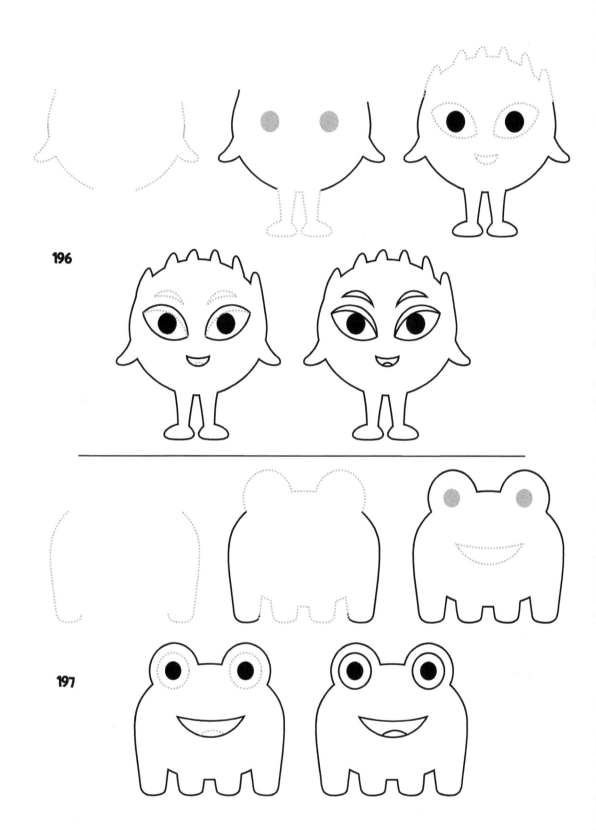

196

197

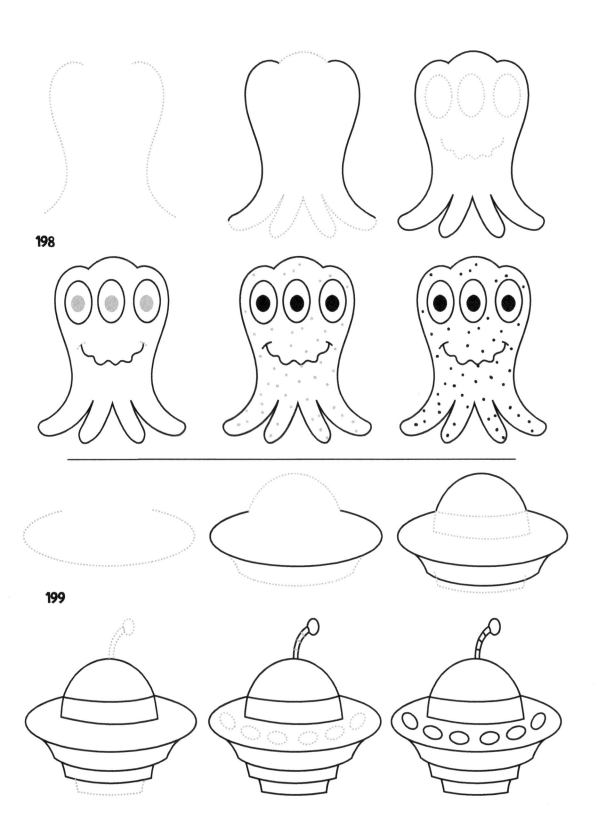

198

199

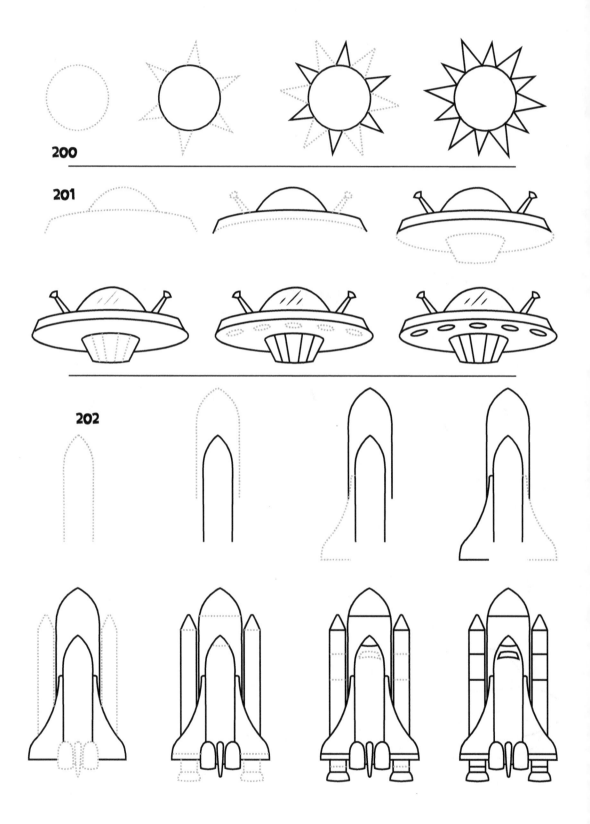

200

201

202

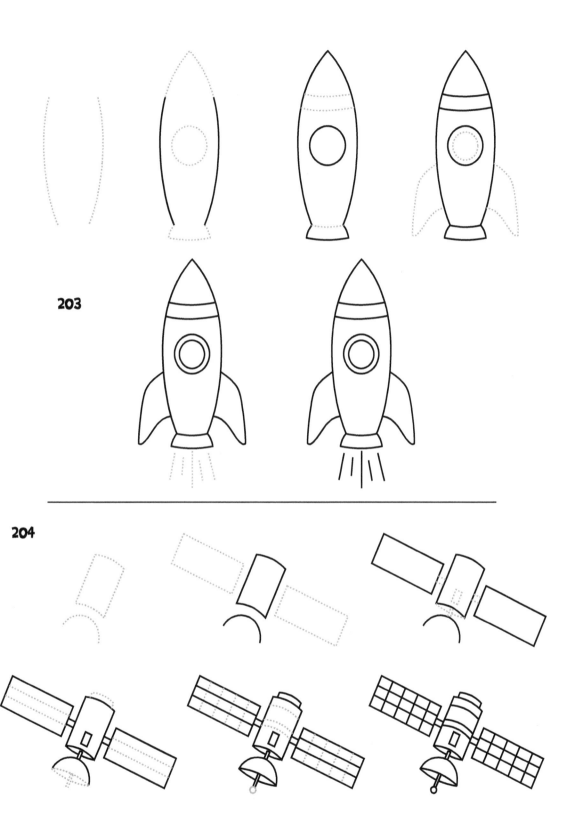

203

204

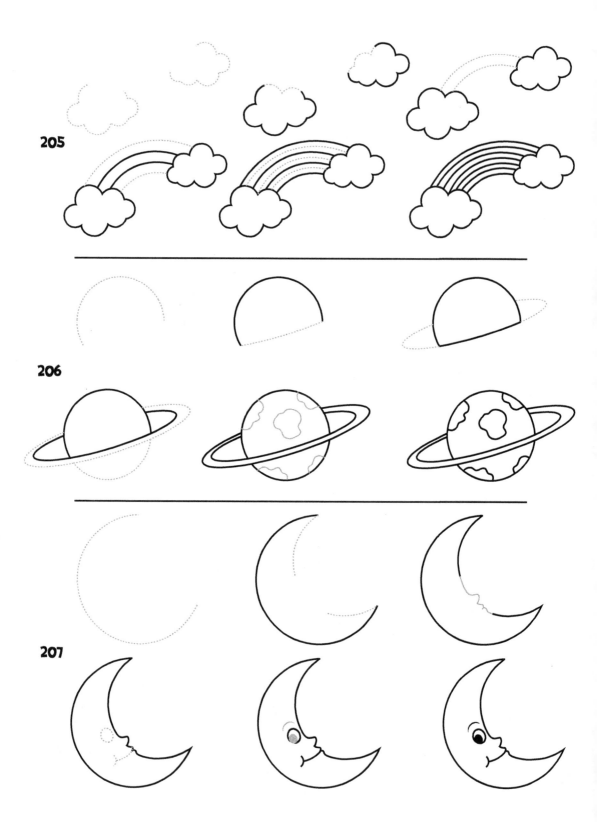

205

206

207

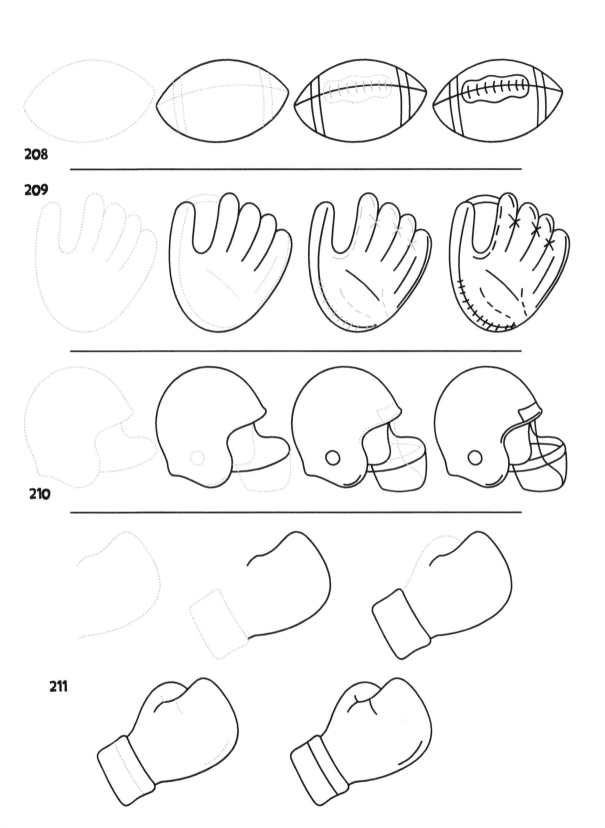

208

209

210

211

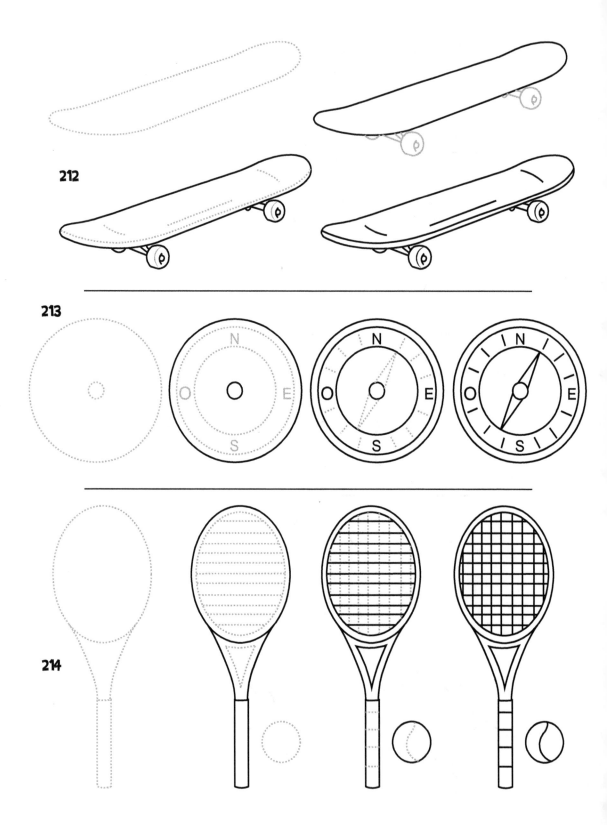

212

213

214

215

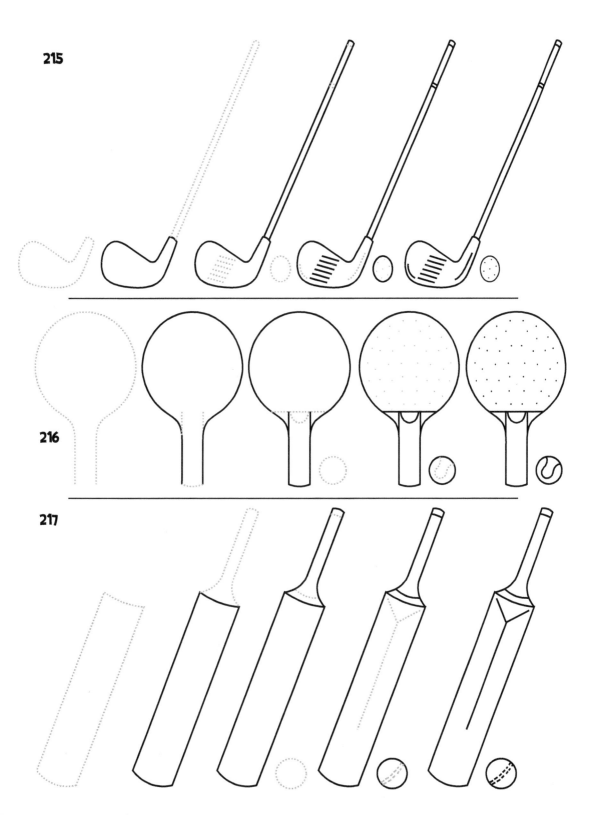

216

217

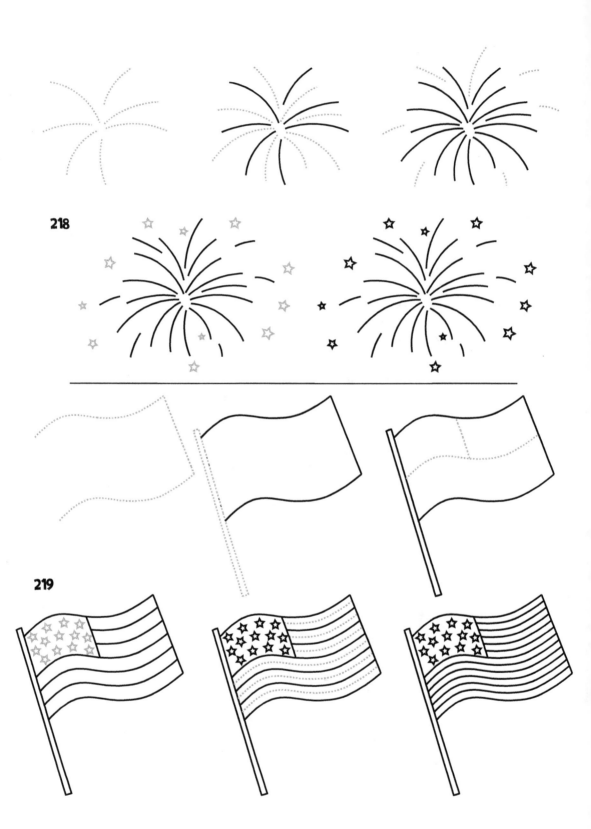

218

219

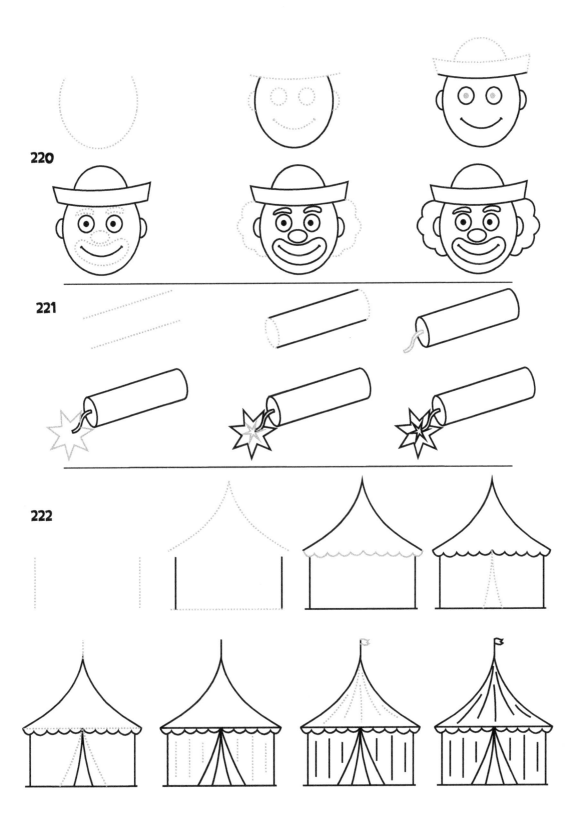

220

221

222

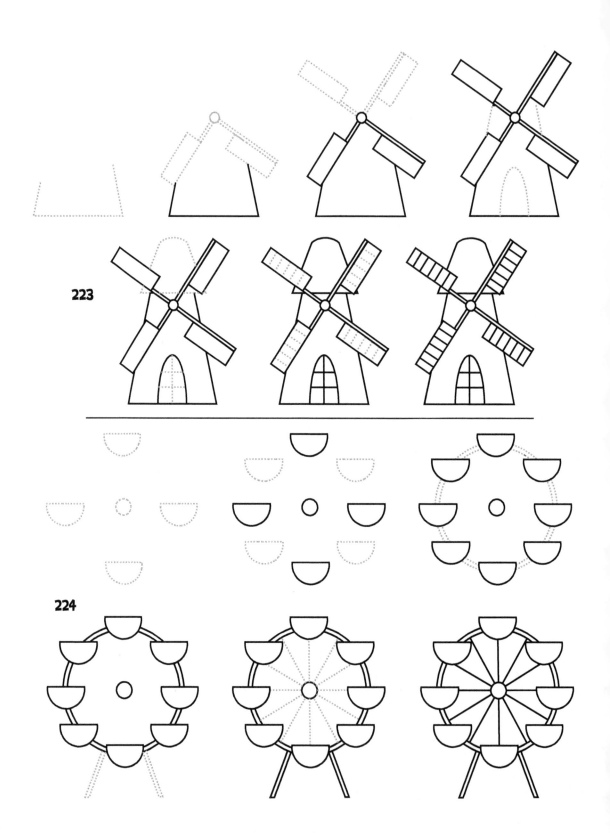

223

224

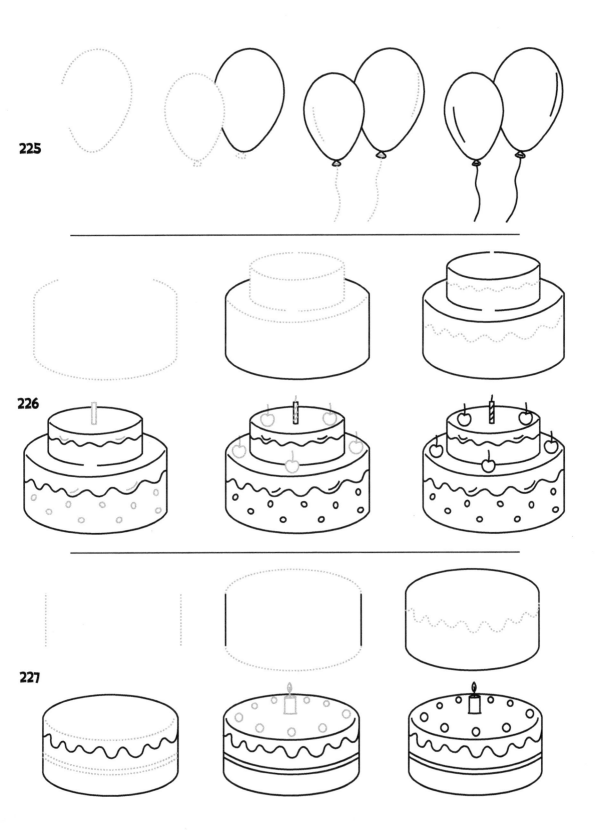

225

226

227

228

229

230

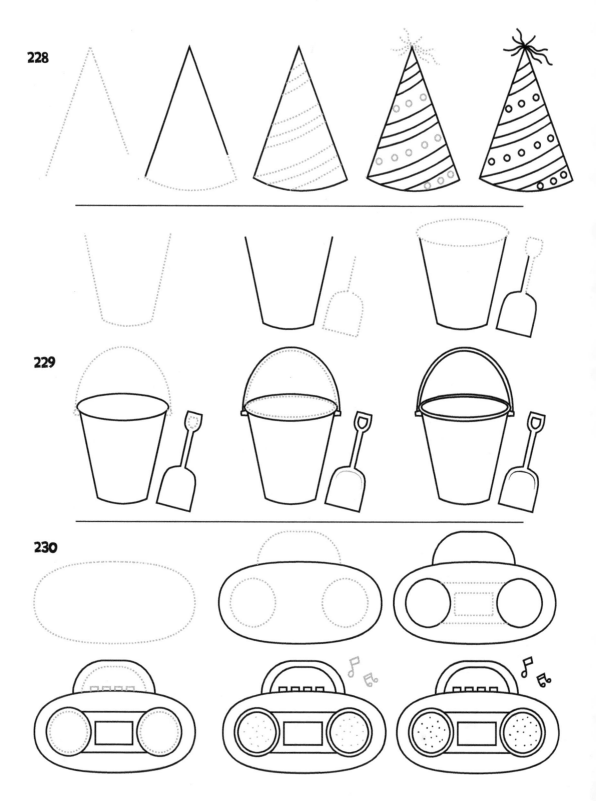

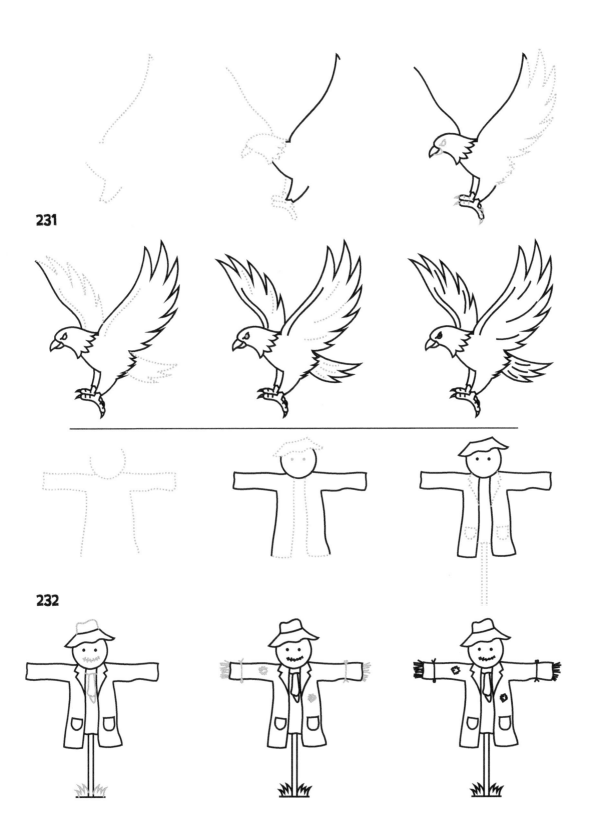

231

232

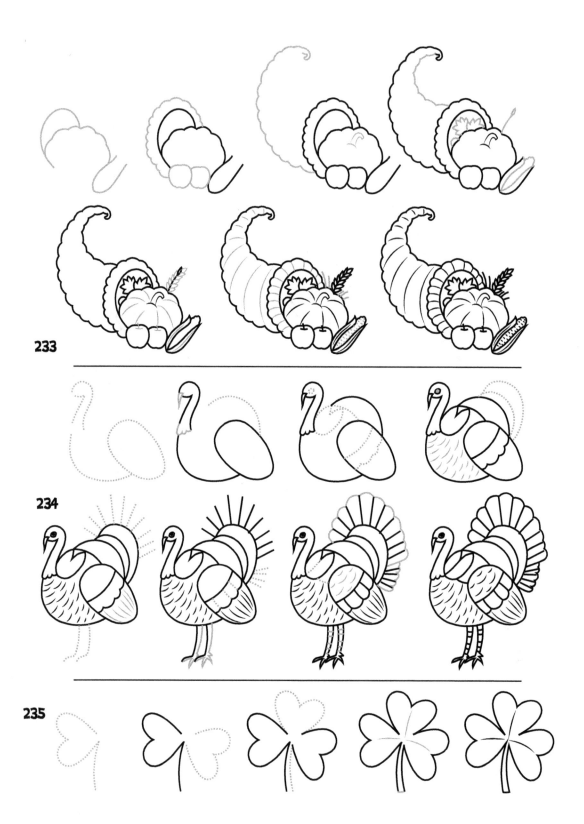

233

234

235

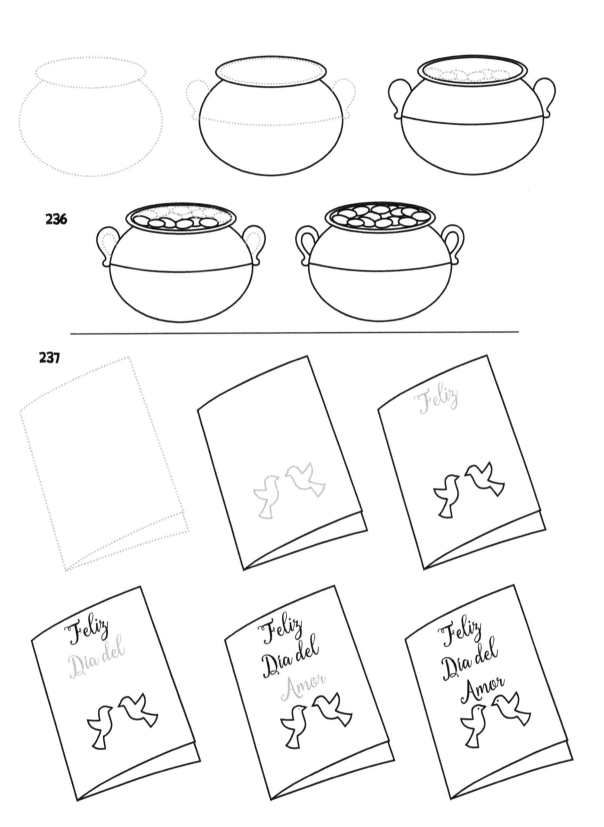

236

237

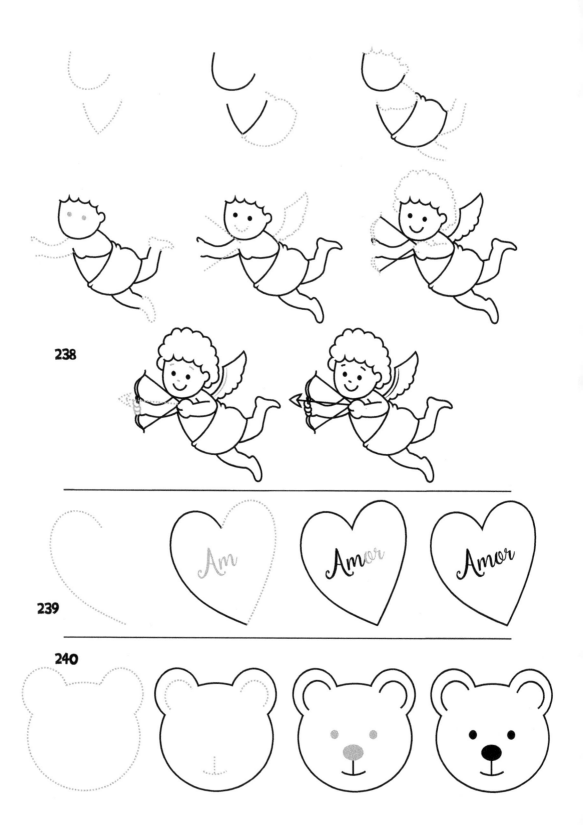

238

239

240

241

242

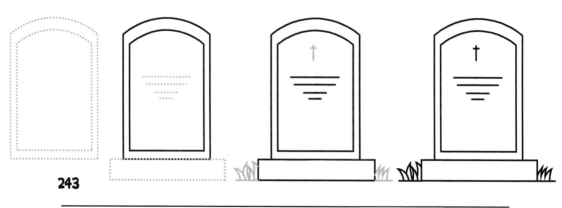

243

244

245

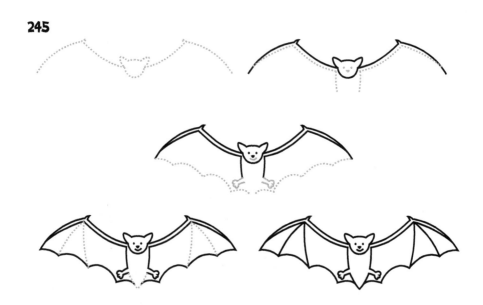

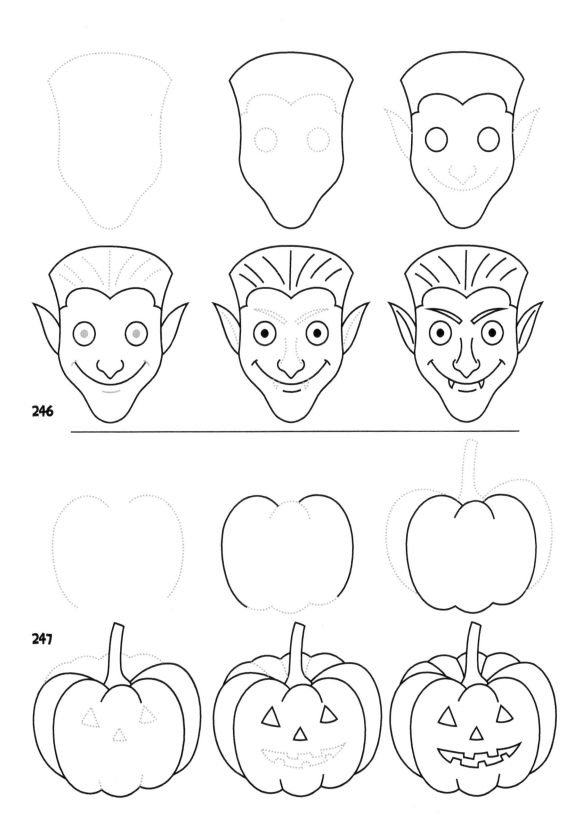

246

247

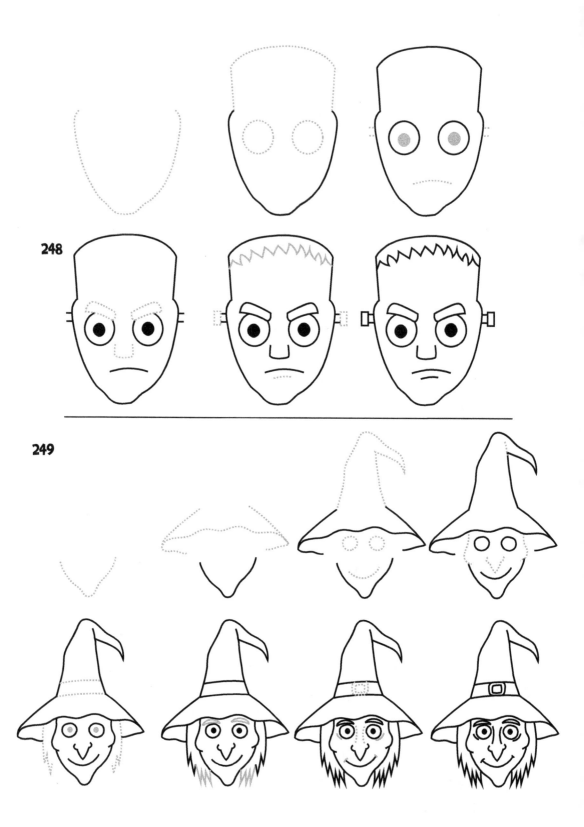

248

249

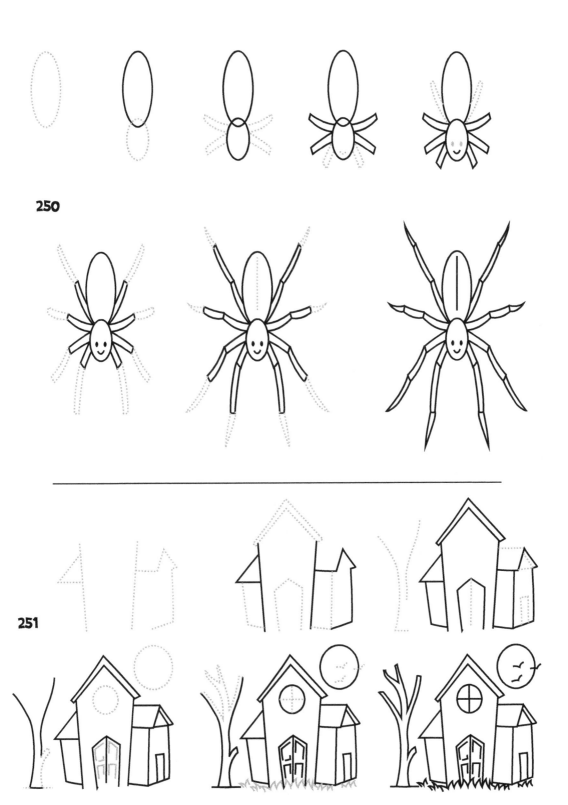

250

251

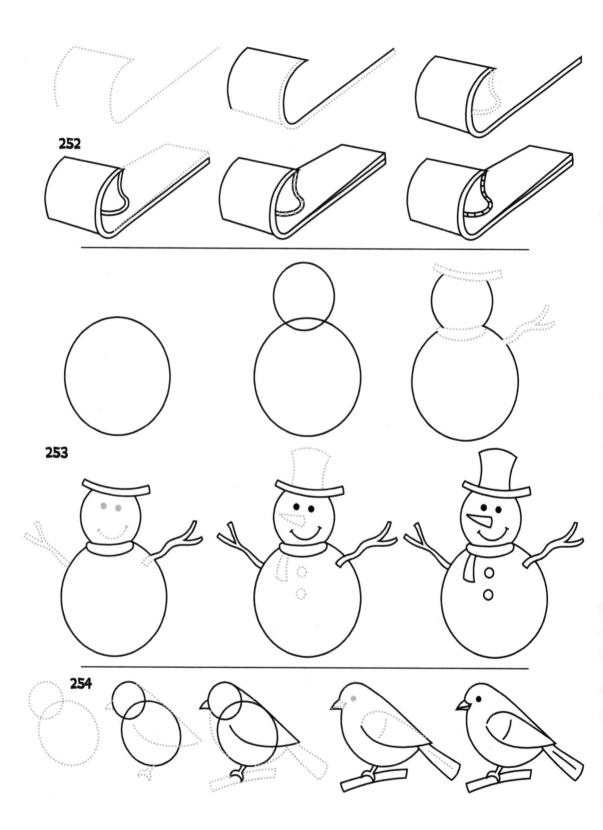

252

253

254

255

256

257

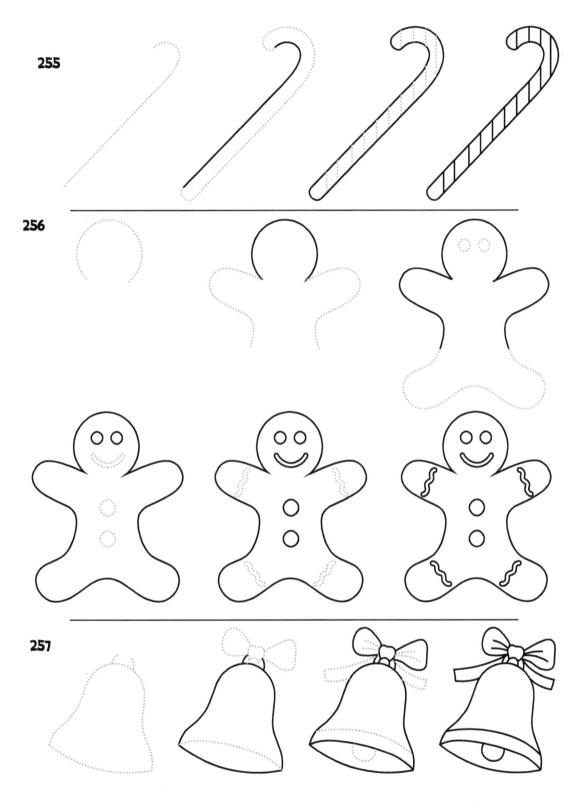

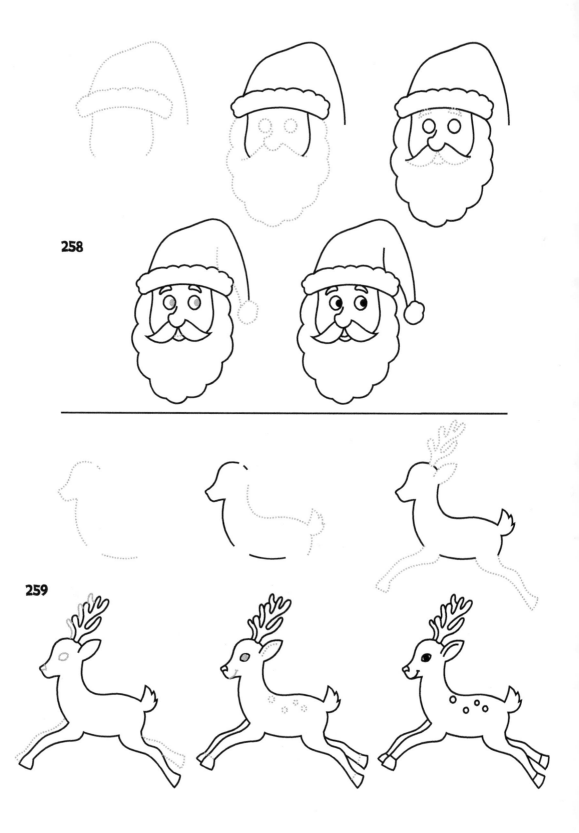

258

259

260

261

262

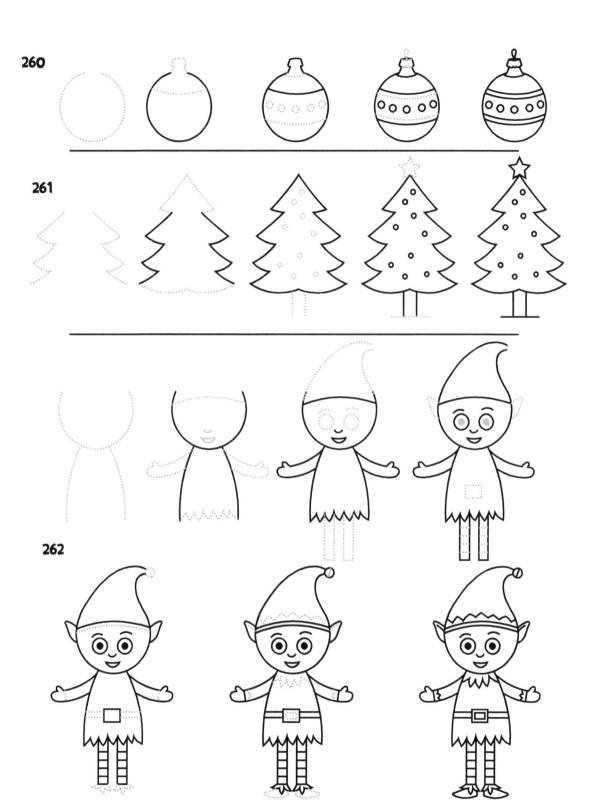

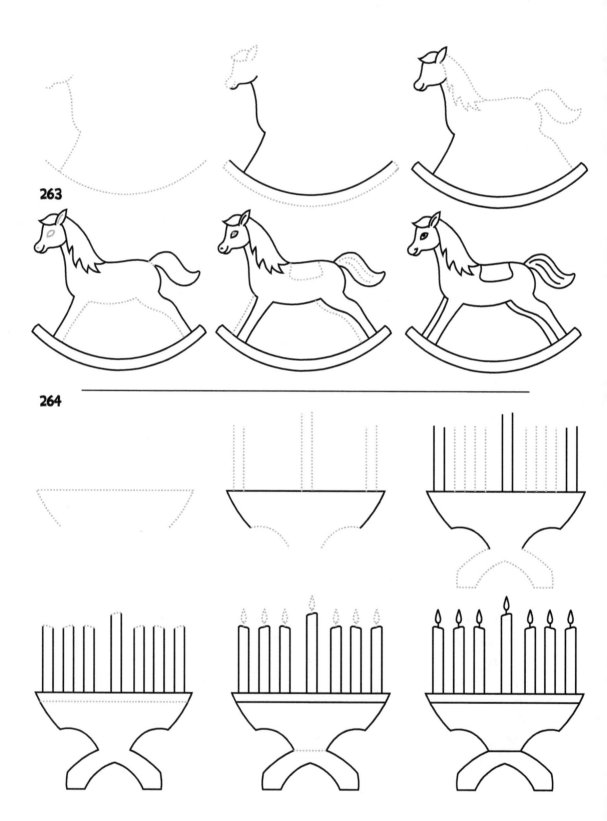

263

264

265

266

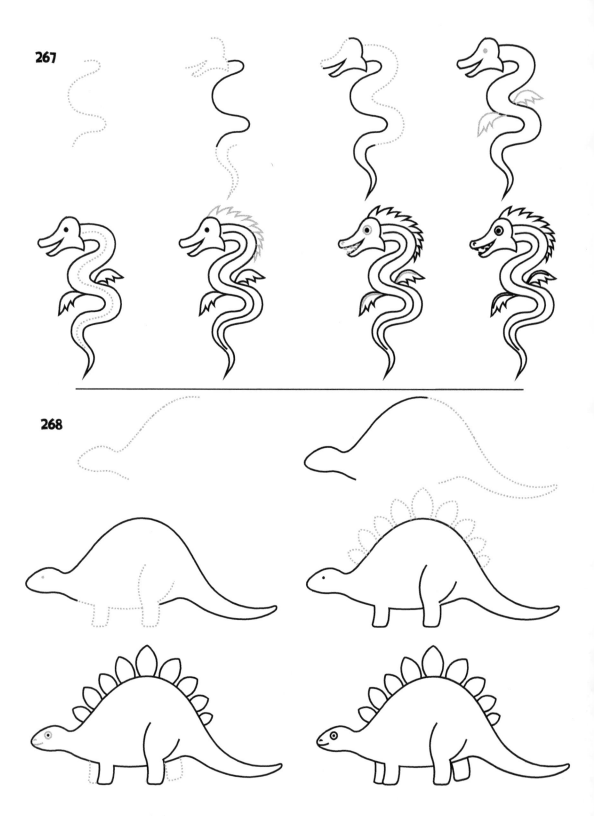

267

268

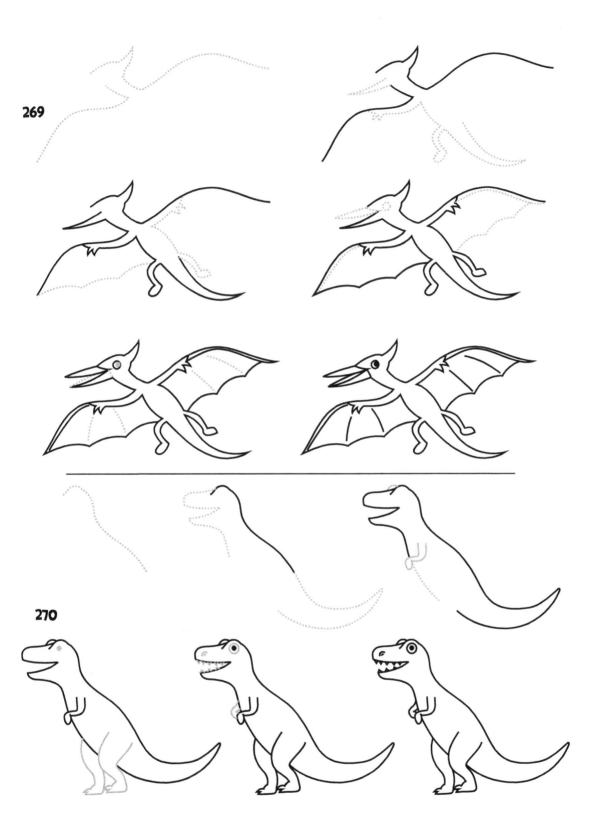

269

270

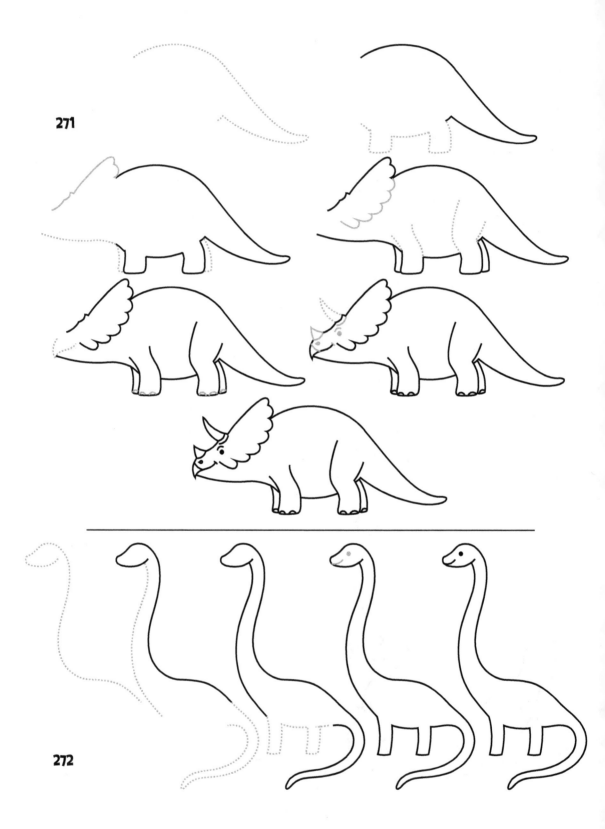

271

272

273

274

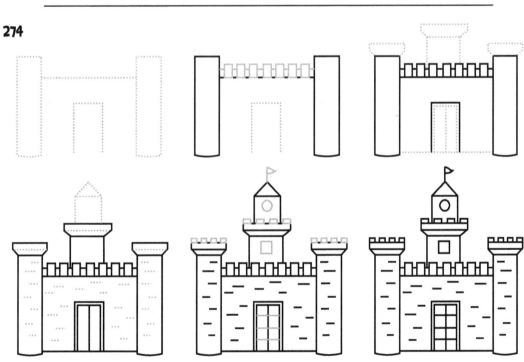

275

276

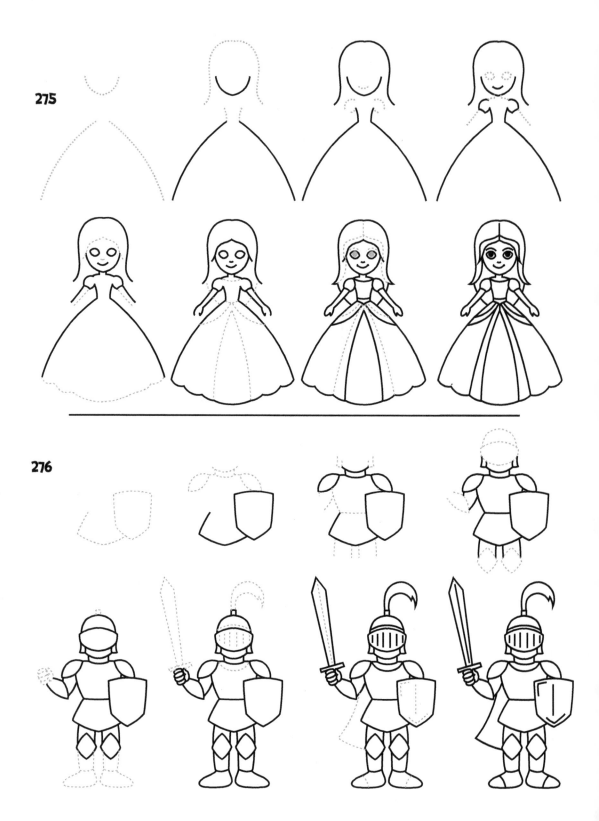

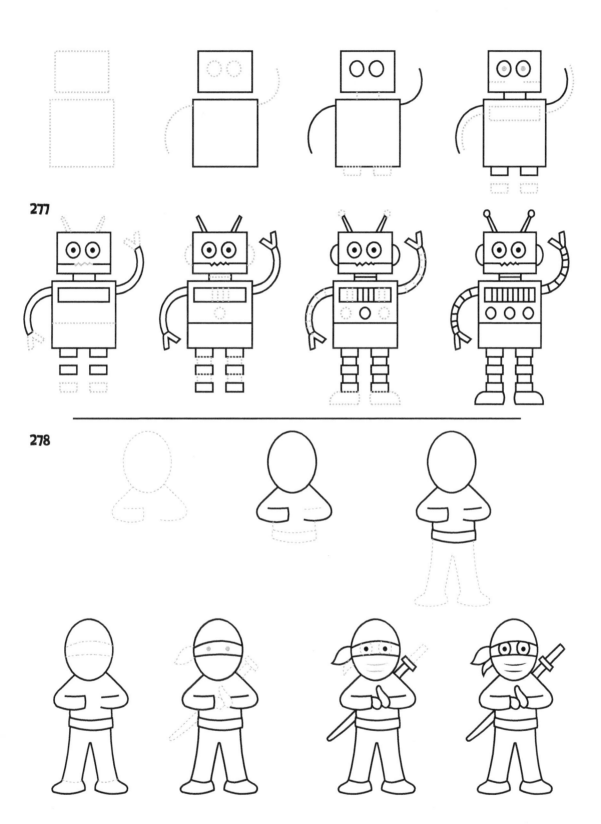

277

278

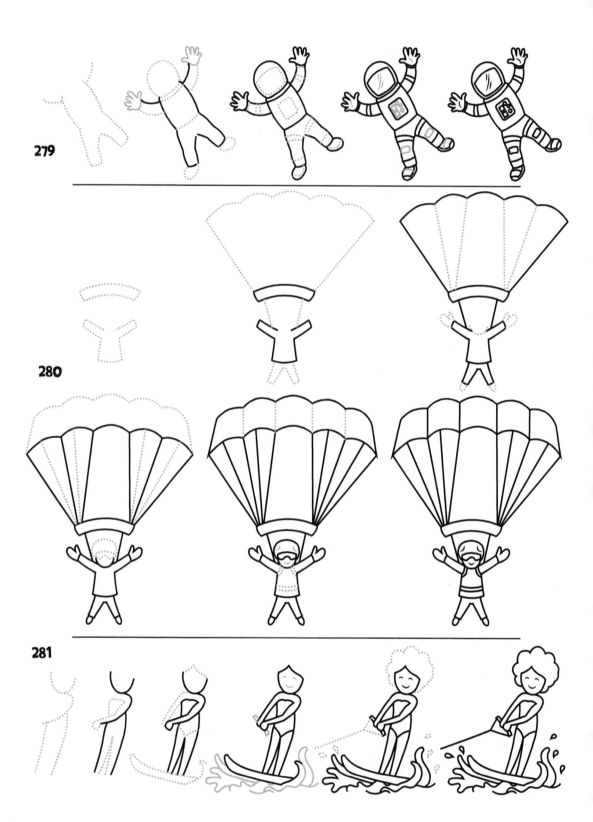

279

280

281

282

283

284

285

286

287

288

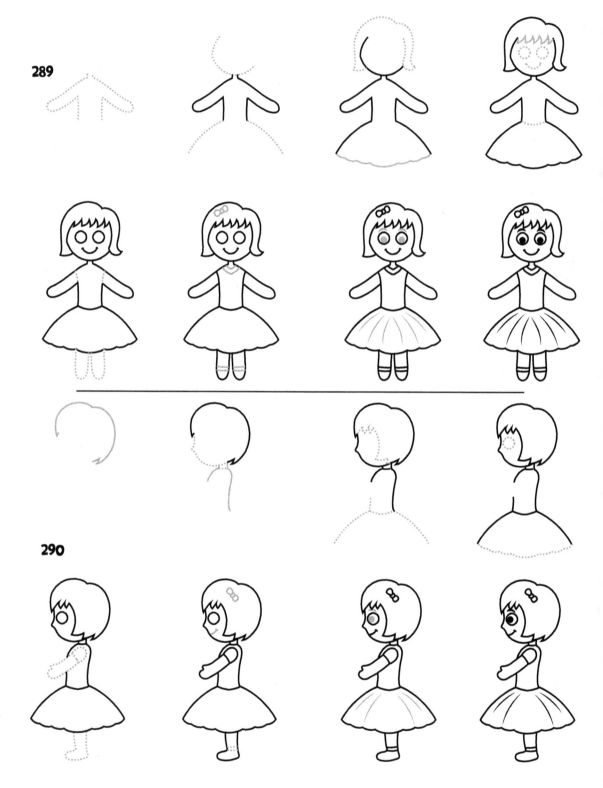

289

290

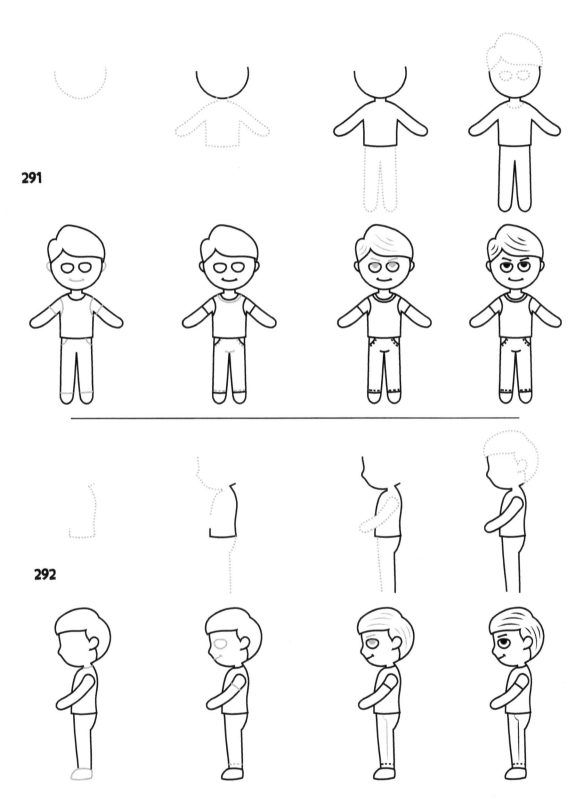

291

292

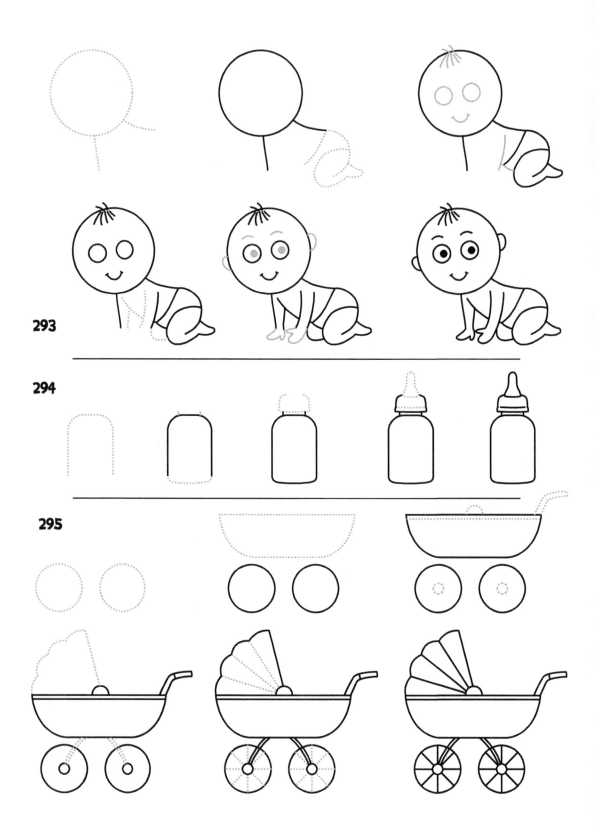

293

294

295

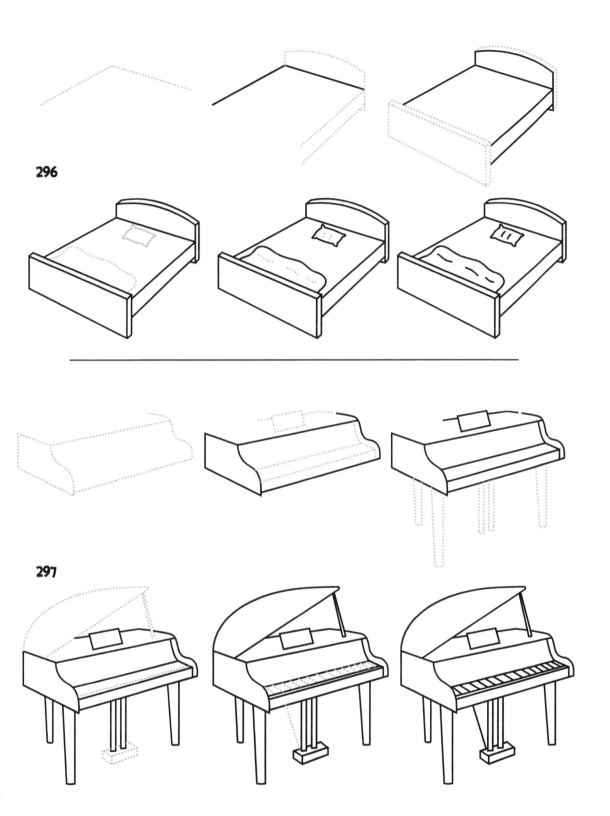

296

297

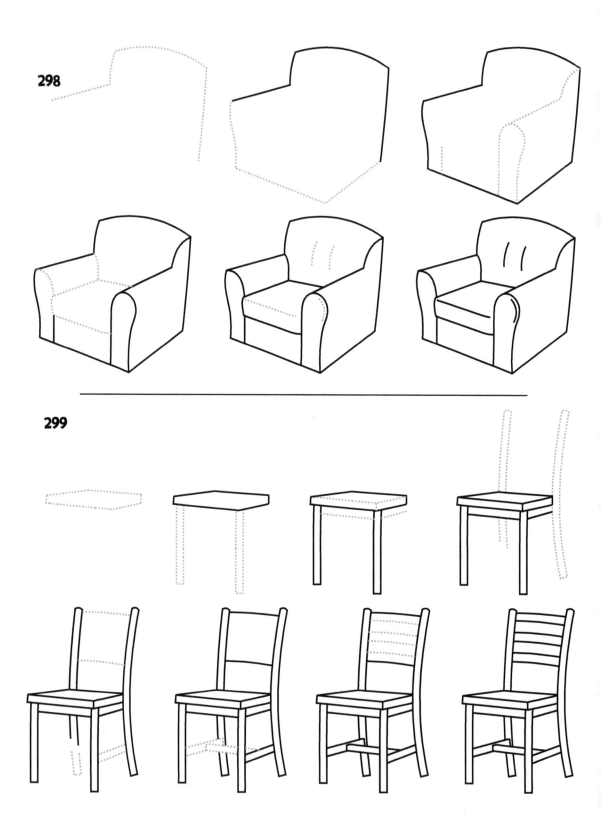

298

299

300

301

302

303

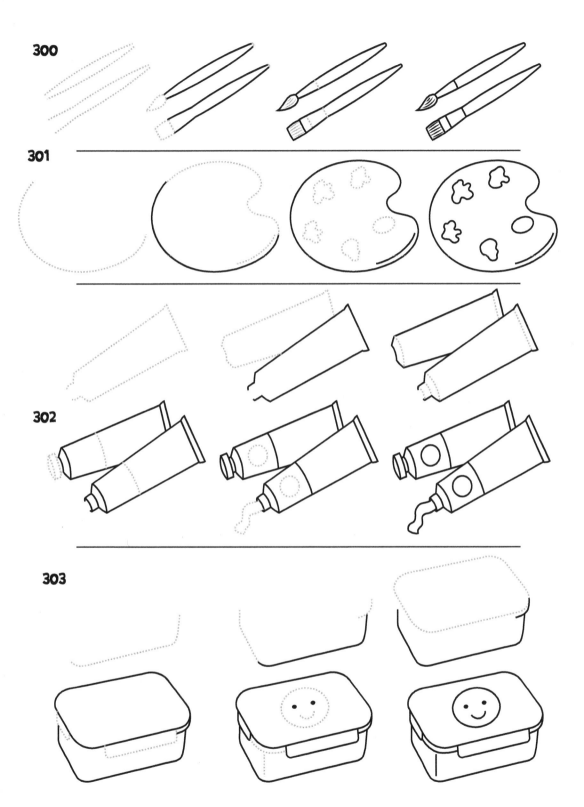

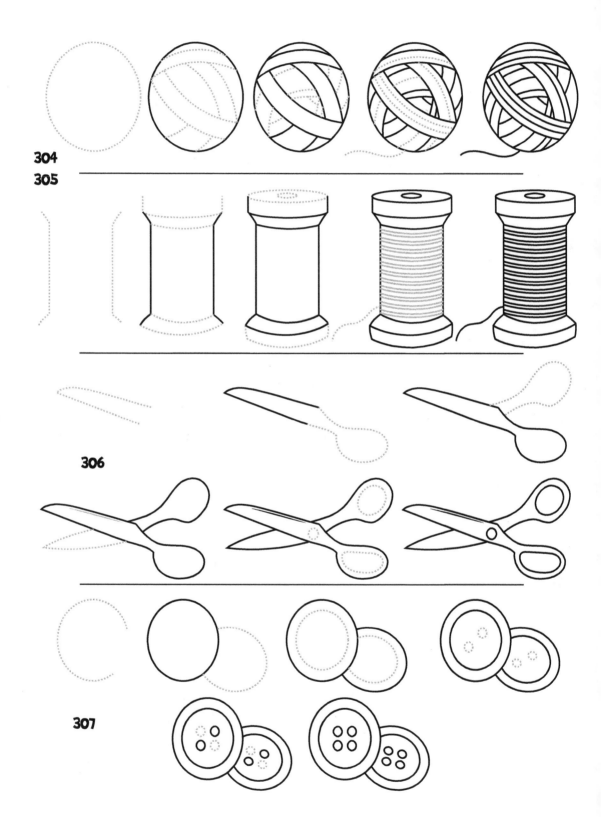

304

305

306

307

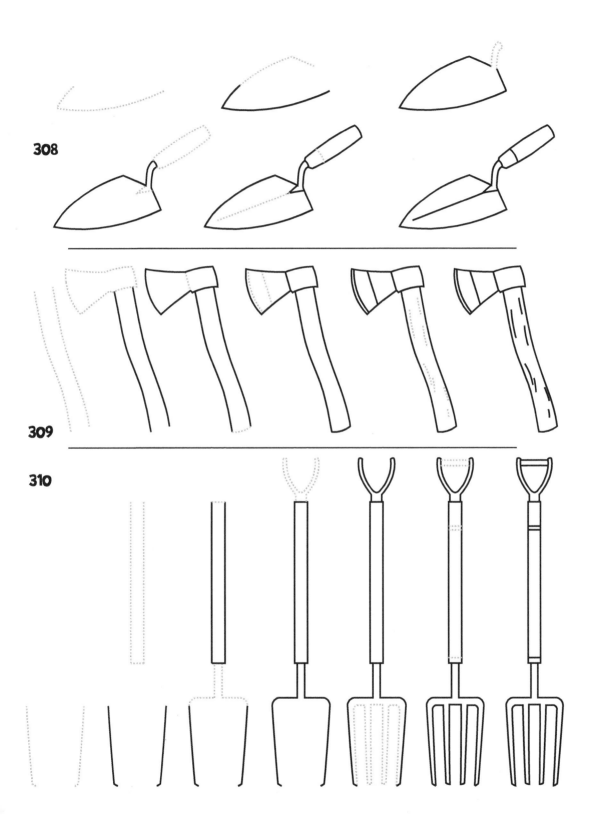

308

309

310

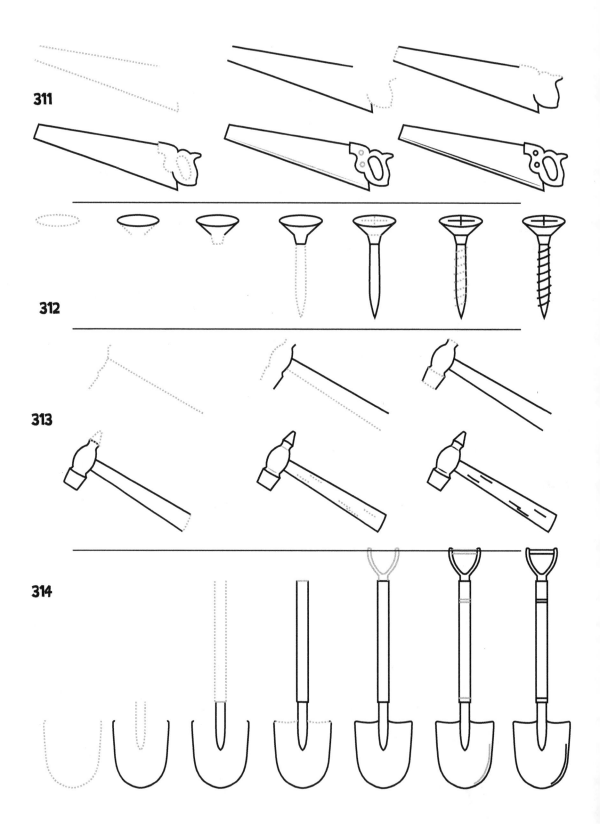

311

312

313

314

315

316

317

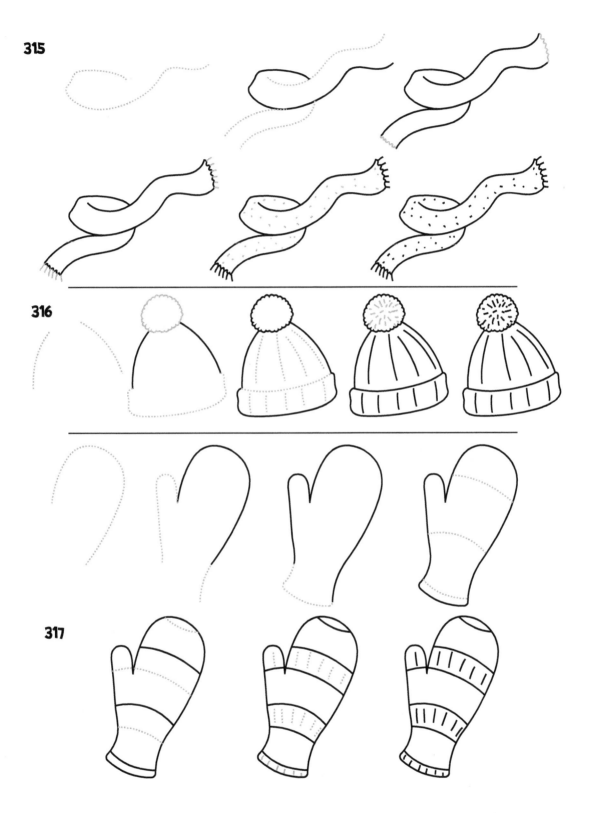

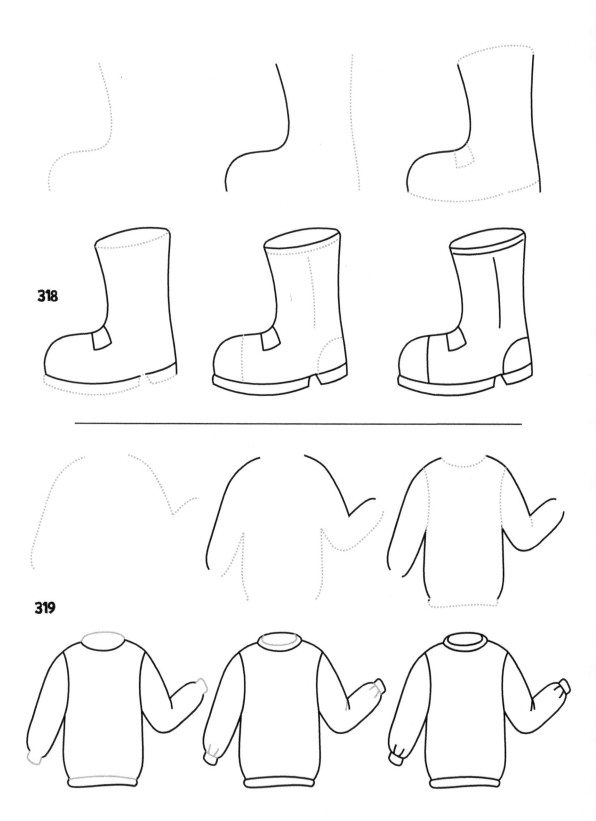

318

319

320

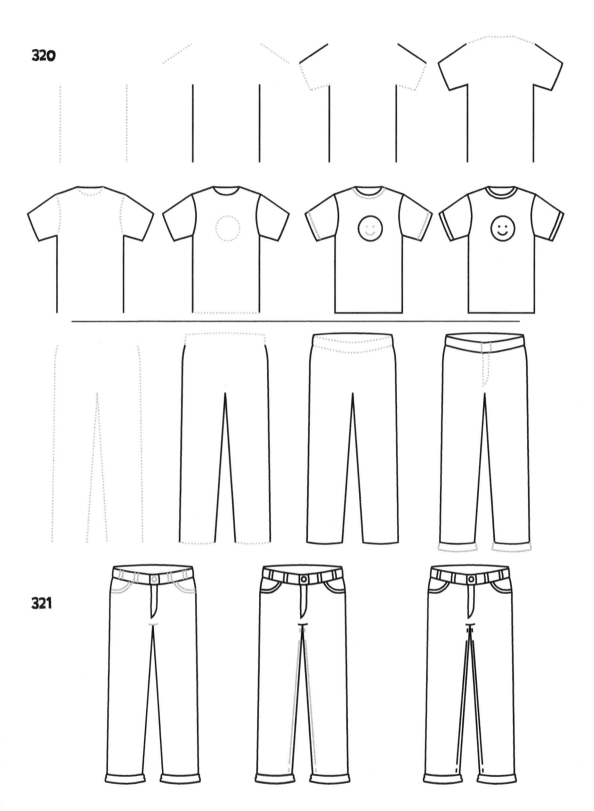

321

322

323

324

325

326

327

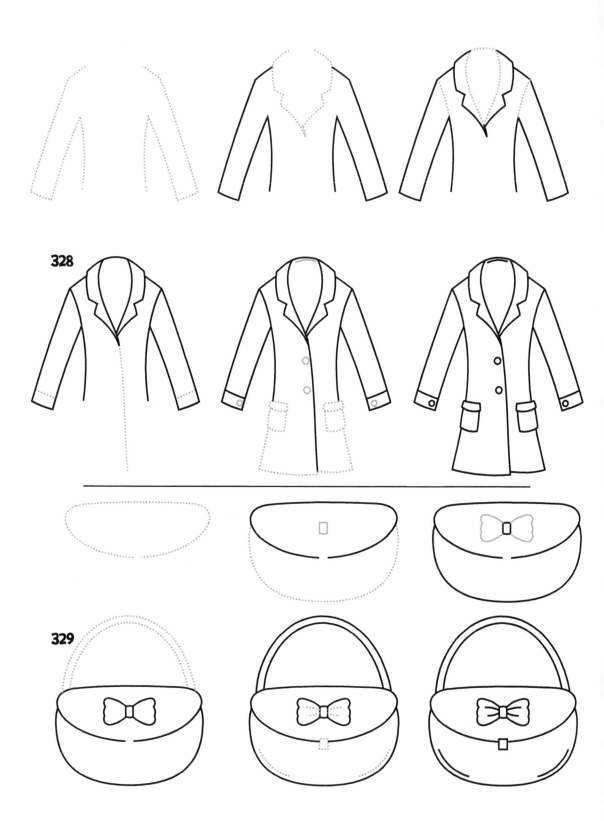

328

329

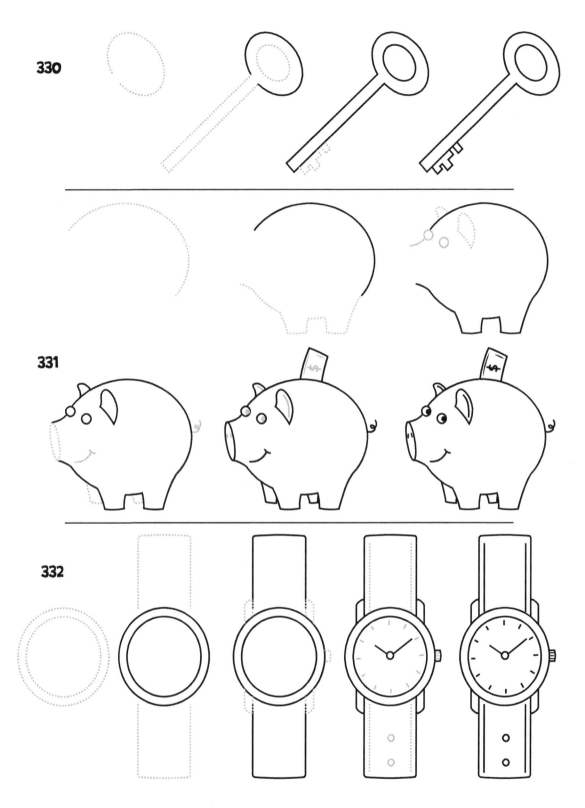

330

331

332

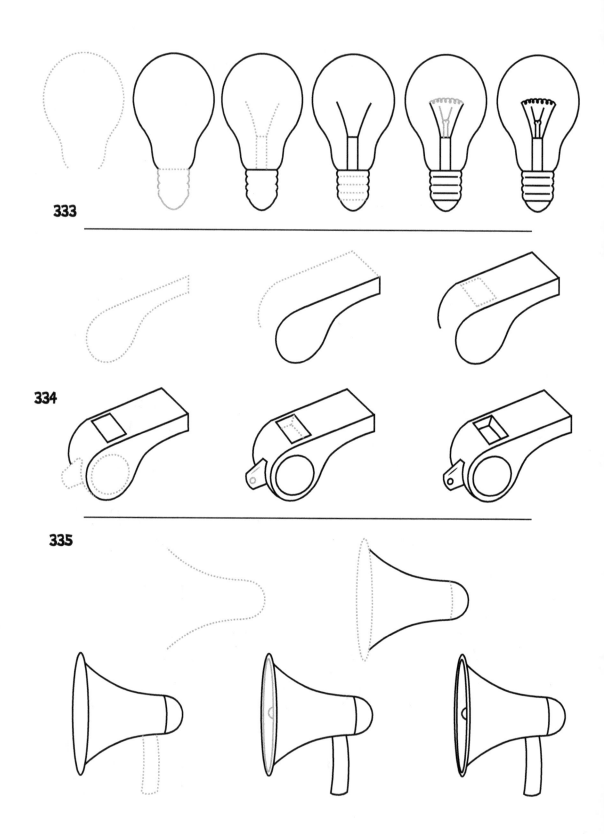

333

334

335

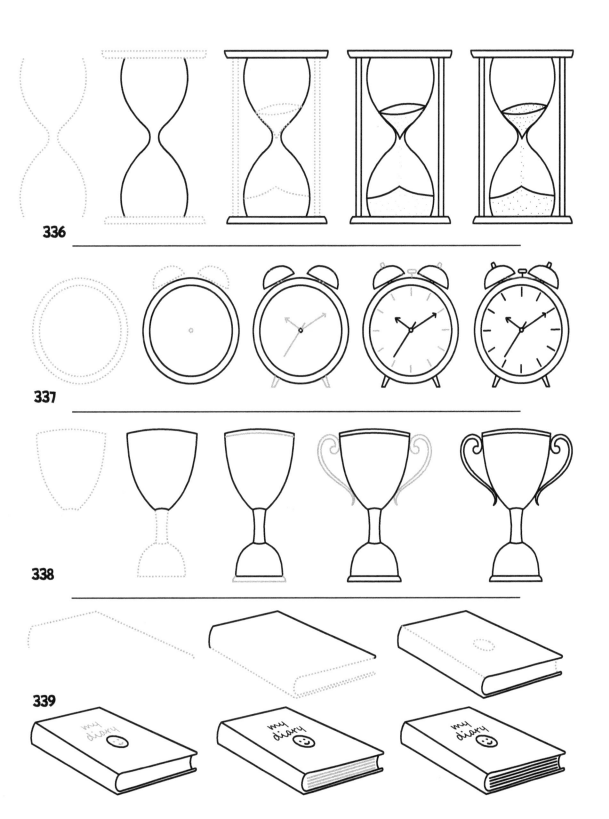

336

337

338

339

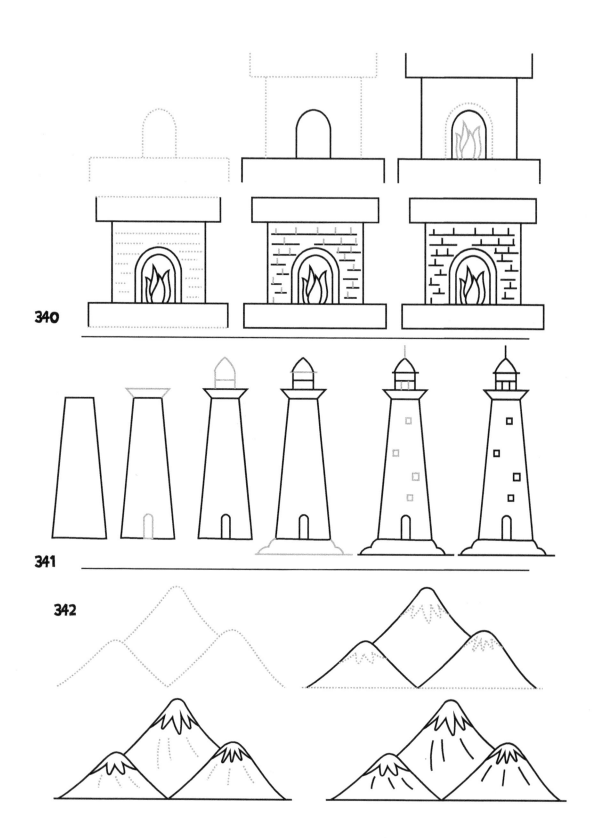

340

341

342

343

344

345

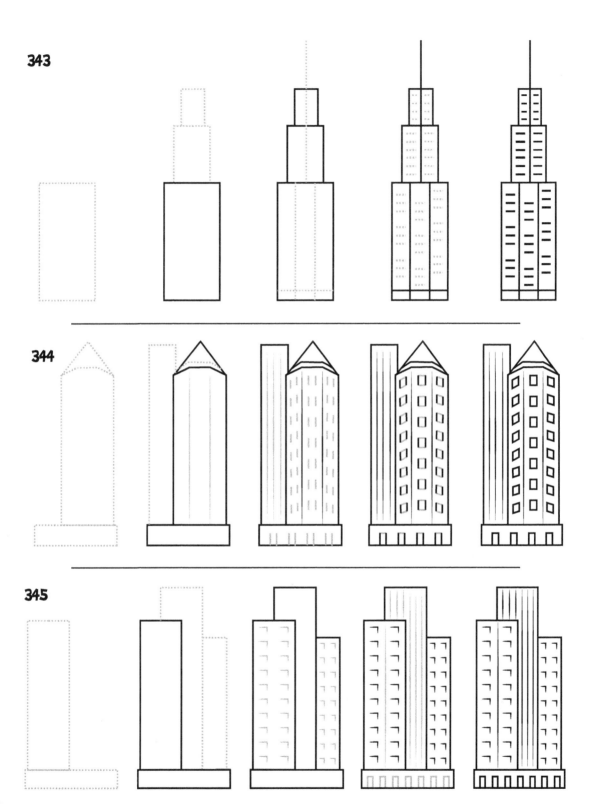

346

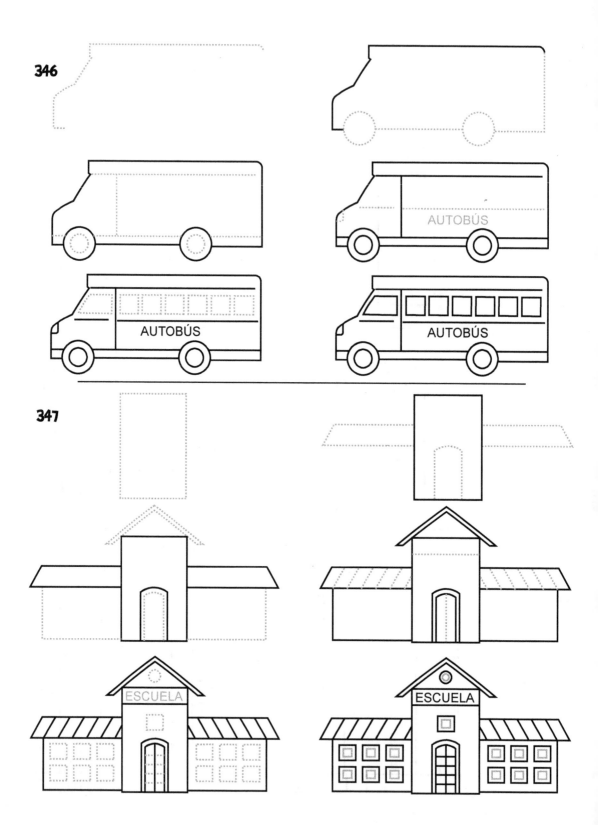

347

AUTOBÚS

ESCUELA

134

348

349

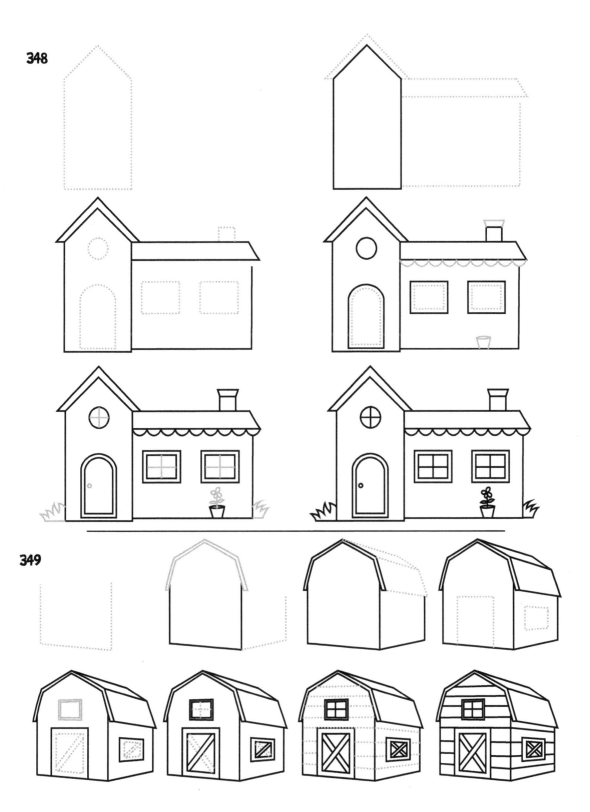

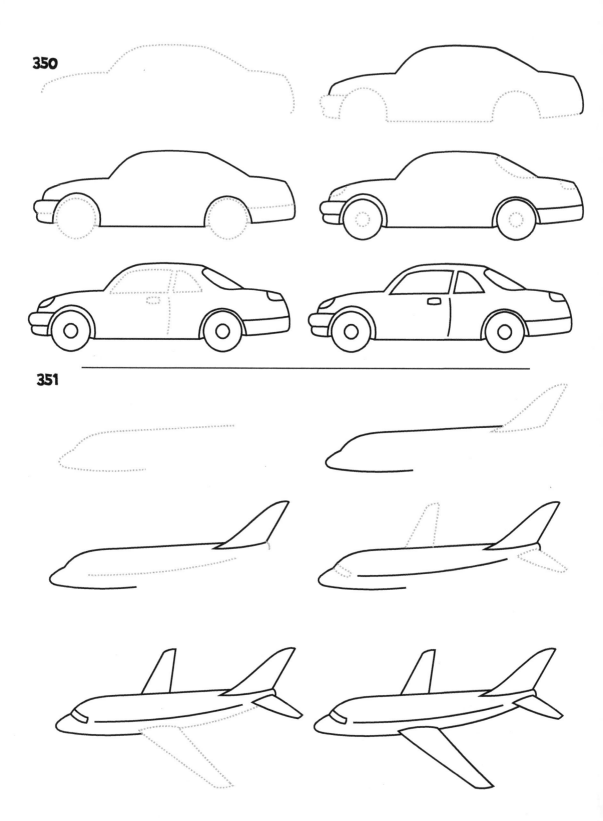

350

351

352

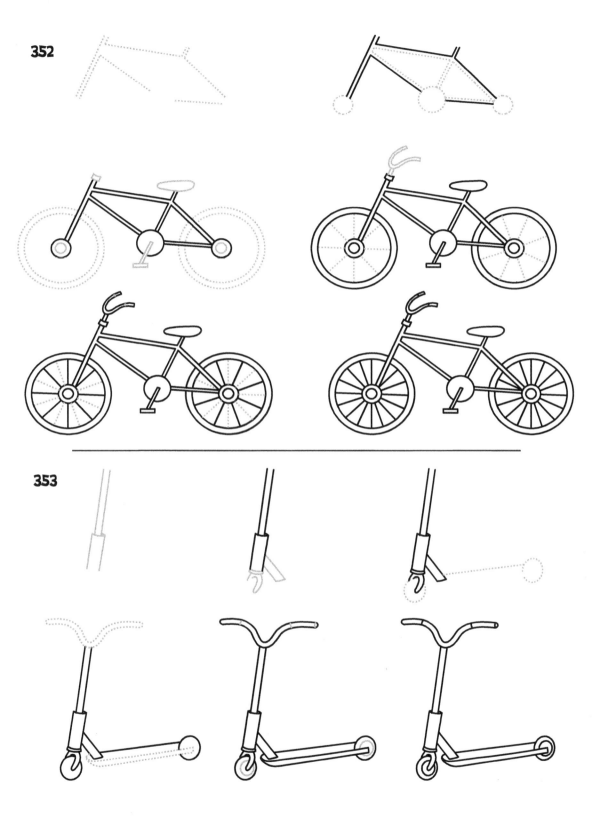

353

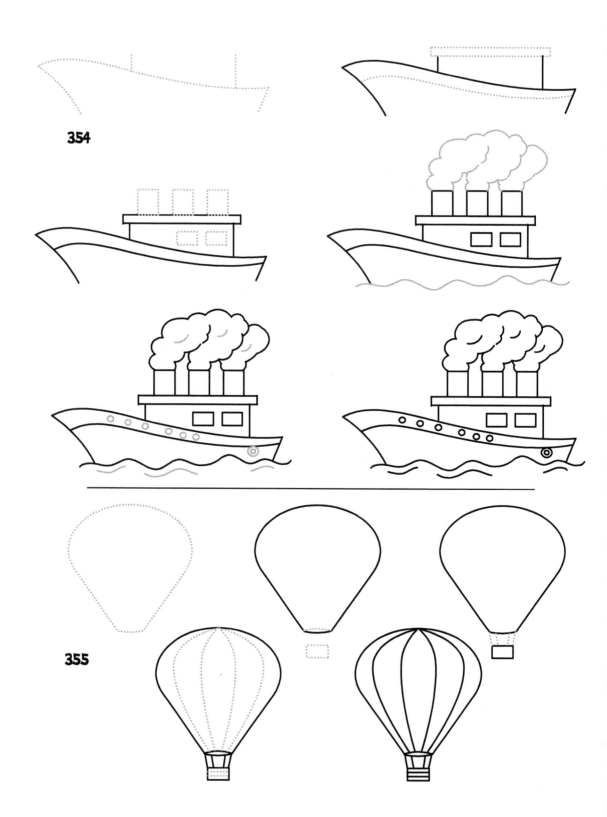

354

355

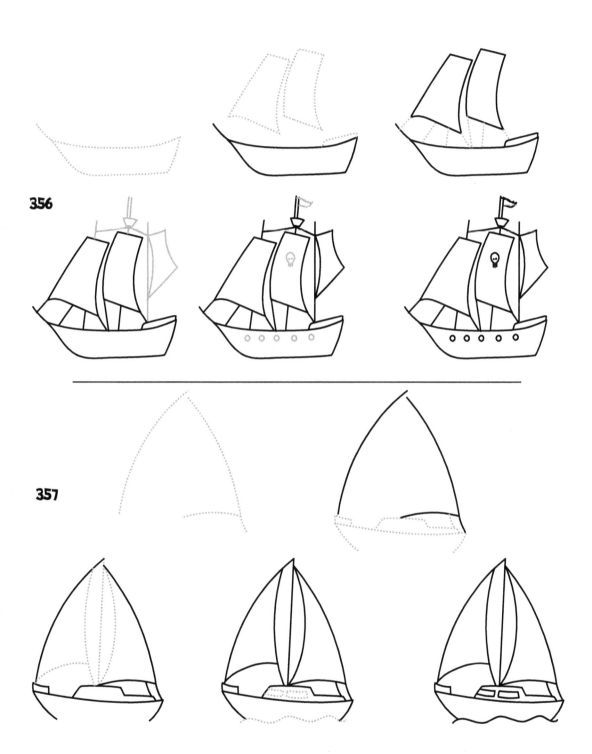

356

357

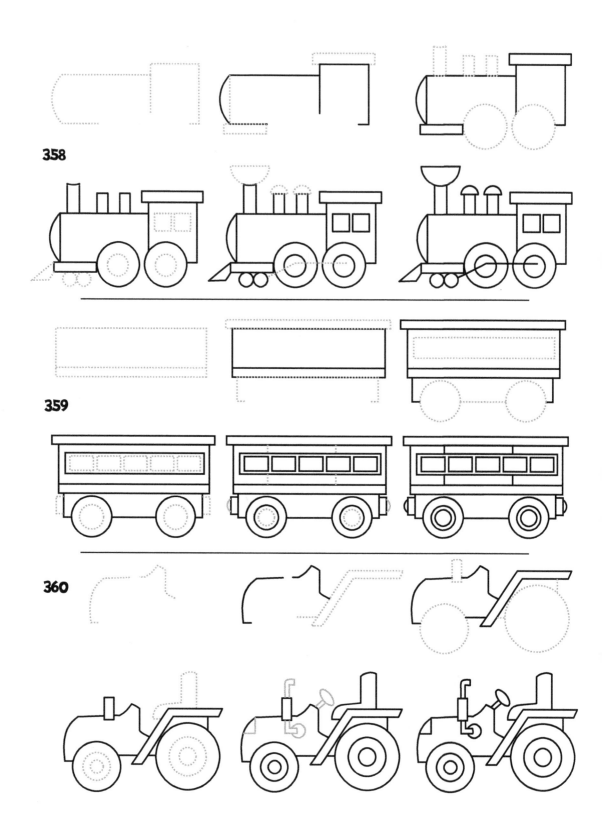

358

359

360

361

362

363

364

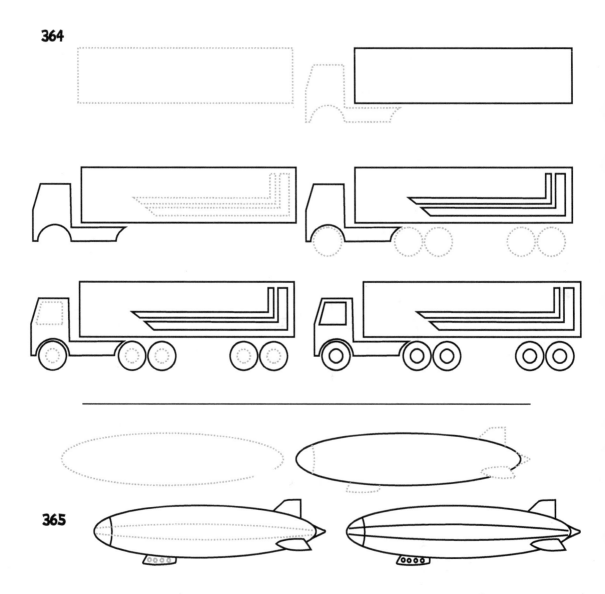

365

¡Descarga gratis!

¿Te gusta este libro?

¡Únete a nuestra lista de correo VIP para obtener un libro *GRATIS* de actividades para días festivos en PDF imprimible de 70 páginas! ¡Incluye actividades de crucigramas, sopa de letras, emparejar imágenes, y colorear, para edades de 4–10!

Los días festivos incluyen:
Día de Martin Luther King Jr.
Día de San Valentín
Día de San Patricio
Pascua
Día de la Tierra
4 de julio
Halloween
Acción de gracias
Janucá
Navida

Empieza aquí:

www.woojr.com/VIP

DragonFruit, una impresa de Mango Publishing, publica libros de niño de alta calidad para inspirar un amor de aprender en lectores jóvenes. DragonFruit publica una variedad de títulos para niños, incluyendo a libros de imágenes, series de no ficción, libros de actividades para niños pequeños, libros de actividades para estudiantes de pre-K, títulos de ciencia y educación, y libros del alfabeto. Nuestros libros celebran diversidad, despiertan curiosidad y capturan las imaginaciones de padres e hijos.

Mango Publishing, establecida en el 2014, publica una lista ecléctica de libros de diversos autores. Recientemente Publishers Weekly nos nombró la editorial independiente de más rápido crecimiento #1 en 2019 y 2020. Nuestro éxito es impulsado por nuestra meta principal, que es publicar libros de alta calidad que entretendrán a los lectores, así como también harán una diferencia positiva en sus vidas.

Nuestros lectores son nuestro recurso más importante: valoramos sus contribuciones, sugerencias e ideas. Nos encantaría escuchar de ustedes -- después de todo ¡publicamos libros para ustedes!

Por favor manténganse en contacto con nosotros y síganos en:

Instagram: @dragonfruitkids

Facebook: Mango Publishing

Twitter: @MangoPublishing

LinkedIn: Mango Publishing

Pinterest: Mango Publishing

Boletín electrónico: mangopublishinggroup.com/newsletter

Acompañe a Mango en su recorrido para reinventar la industria editorial un libro a la vez.